Leitfaden PC im Personalbereich

06/91

89,-

Dieses Buch entstand in Zusammenarbeit
der Technischen Akademie Wuppertal
mit dem Verlag TÜV Rheinland

Prof. Dr. Christian Scholz

Leitfaden PC im Personalbereich

Hardware
Software
Checklisten
Beispiele

Verlag TÜV Rheinland

CIP-Titelaufnahme der Deutschen Bibliothek

Scholz, Christian:
Leitfaden PC im Personalbereich: Hardware, Software, Checklisten, Beispiele / Christian Scholz. Technische Akademie Wuppertal. - Köln: Verl. TÜV Rheinland, 1991
  (TAW-Sachbuch)
  ISBN 3-88585-722-7

ISBN 3-88585-722-7
© Verlag TÜV Rheinland GmbH, Köln 1991
Gesamtherstellung: Verlag TÜV Rheinland GmbH, Köln
Printed in Germany 1991

Vorwort

Der Siegeszug des Personal Computers ist und bleibt unaufhaltsam. Er macht auch nicht halt vor dem Personalbereich. Obwohl der Personal Computer bisher noch relativ selten zur Standardausrüstung der Personalabteilung gehört, zeichnet sich ein spürbares Umdenken ab.

Denn: Gerade der Personal Computer (PC) versetzt Personal-Verantwortliche in die Lage, fundierte und rasche Entscheidungen zu treffen. Mittelfristig führt kein Weg am Personal Computer vorbei. Dazu sind die Anwendungsmöglichkeiten zu beeindruckend: Sie reichen weit über einfache Textverarbeitung und Reisekostenabrechnung hinaus, bis hin zur strategischen Planung.

Gerade im Informationszeitalter wächst der Druck auf die Personalabteilung, in professioneller Weise den Informations- und Reaktionsnotwendigkeiten des zunehmenden Wettbewerbs Rechnung zu tragen: Dabei geht es nicht nur um bloße Lippenbekenntnisse zu einem "strategischen Personalmanagement", so wichtig dies durchaus ist. Vielmehr muß die betriebliche Personalarbeit gerade im Routinebereich entlastet werden, um eine tragfähige Basis für ein informationsorientiertes Personalmanagement zu schaffen.

Personal Computer im Personalwesen bedeutet aber nicht nur die Vereinfachung bestehender Aufgabenfelder: Auch neuartige Fragestellungen lassen sich mit dem Personal Computer beantworten. Dies betrifft Führungskräfte auf allen Managementebenen, unabhängig von Unternehmensgröße und Branche.

> Personal Computer betreffen alle Führungskräfte im Personalwesen!

Sicherlich wird kaum ein Unternehmer oder eine Führungskraft aus dem Top-Management anfangen, komplexe Computerprogramme zu schreiben. Dazu fehlt Zeit, aber auch die Notwendigkeit. Trotzdem: Die moderne PC-Technologie versetzt alle Entscheidungsträger in die Lage, benutzerfreundlich Informationen abzurufen und zu analysieren. Der Personal Computer wird daher bald so selbstverständlich wie Taschenrechner, Diktiergerät und Multifunktionstelefon sein.

Diskussionen über die Computerdurchdringung des Personalwesens gibt es seit langem. Zwei Entwicklungen der letzten Jahre erzwingen allerdings eine erneute Behandlung des Themas: der Siegeszug des Personal Computers als Ergänzung zum traditionellen Großrechner und die Existenz flexibel einsetzbarer Tabellenkalkulationsprogramme. Trotz des noch immer bestehenden Verbreitungsdefizites eines PC-unterstützten Personalmanagements wird diese Ergänzung der herkömmlichen EDV-Unterstützung unausweichlich Bestandteil betrieblicher Personalarbeit.

Notwendigkeit und Unausweichlichkeit des Personal Computers in der Personalabteilung dürfen aber nicht über die Probleme hinwegtäuschen, die der PC-Einsatz aufwirft: Dies betrifft Führungs-, Kontroll- und Sicherheitsprobleme genauso wie konzeptionelle Fragestellungen. Ihre Lösung setzt zwingend PC-Grundlagenwissen voraus. Nur so kann der Personalbereich in sinnvoller Weise seine Autonomiewünsche erfüllen.

Der vorliegende Leitfaden will daher einen Überblick zum Entwicklungsstand und Entwicklungspotential des Personal Computings geben. Er will entsprechend dazu auch grundlegende Informationen hinsichtlich Hardware und Software liefern.

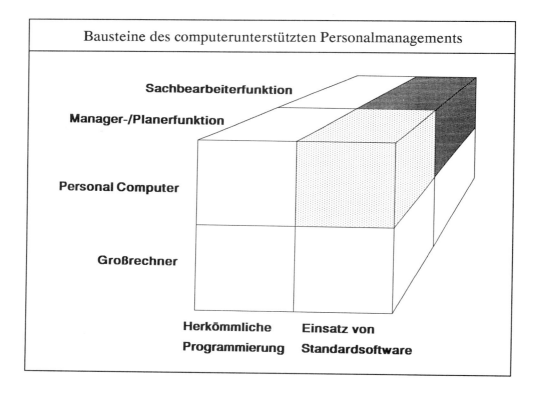

Auf der Basis des vermittelten Grundwissens werden inhaltliche Fragen des PC-Einsatzes beantwortet und generelle Lösungsmodelle sowie typische Softwareprodukte vorgestellt. Dieser Leitfaden konzentriert sich auf den Personal Computer, befaßt sich also nicht mit Großrechnern. Er beschäftigt sich zudem ausschließlich mit dem Einsatz von Standardsoftware, beginnend bei Tabellenkalkulationsprogrammen bis hin zu Vorschlägen für eine PC-gestützte Lohn- und Gehaltsabrechnung. Programmiersprachen im engeren Sinne (wie COBOL) werden dagegen nicht behandelt.

Je nach Kenntnisstand sind unterschiedliche "Lesestrategien" des vorliegenden Leitfadens vorzuziehen. Nach der Darstellung der Herausforderungen und des A-B-C-D-Modells in den beiden ersten Kapiteln kann beispielsweise, sofern Kenntnisse zur Hardware bereits vorhanden sind, mit der Lektüre des vierten Kapitels fortgefahren werden.

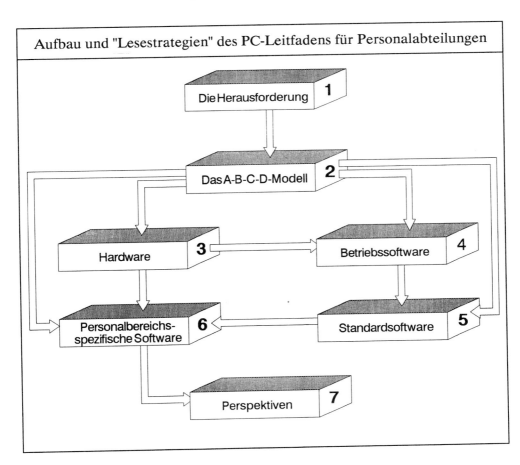

Angesprochen sind primär zwei Gruppen von Mitarbeitern in der Personalabteilung: zum einen Sachbearbeiter, zum anderen Manager beziehungsweise generell "Führungskräfte". Sie alle sollen und müssen sich zukünftig mit dem Personal Computer auseinandersetzen.

In keinem Bereich ist die Gefahr des Veraltens von Wissen derzeit so groß wie im EDV-Sektor. Aus diesem Grund will der vorliegende Text neben einigen konkreten Hinweisen auf Hardware und Software (Preise, Merkmale, Lieferanten) auch einen konzeptionellen Rahmen vermitteln: Er soll es der Führungskraft erleichtern, im "PC-Dschungel" einen klaren und individuell richtigen Weg zu finden.

Dieser Text basiert auf einer Vielzahl von Veranstaltungen, die ich bei der Technischen Akademie Wuppertal zum Thema "Der PC in der Personalabteilung" durchgeführt habe: Mein Dank gilt daher den Teilnehmern für die interessanten Diskussionen, natürlich aber auch Herrn *Horst Walter Bleicher* für die (damals visionäre) Veranstaltungsidee sowie Herrn *Horst Niederheide* für den Vorschlag zu dieser Publikation.

Mein Dank gilt auch meiner Sekretärin Frau *Jutta Astrid Stelletta* für die nicht zu unterschätzende Leistung der Herstellung der Druckvorlage "bei ständig wandelnder Umwelt", Herrn *Paul Haeberle* für das Anfertigen der Abbildungen und Grafiken sowie meinem Mitarbeiter Herrn *Dipl.-Kfm. Hans Oberschulte*, dem die inhaltliche und formale Gesamtkoordination oblag.

Saarbrücken, im Februar 1991 *Christian Scholz*

Gliederung

1 Ausgangslage: Die Herausforderung 1
   1.1 Bedeutung des Personal Computers 1
   1.2 Die Personalabteilung und ihr Selbstverständnis 7
   1.3 Der PC-Markt: Konstanz trotz Heterogenität 9
   1.4 Der PC im Personalbereich: Eine empirische Studie 11
   1.5 Die Vision: Der PC-Leitstand 19
   1.6 Die Realität: Personal Computing 21

2 Das A-B-C-D-Modell 25
   2.1 Aufgaben 26
   2.2 Benutzer 27
   2.3 Chancen 30
   2.4 Daten 33
   2.5 Konsequenz 34

3 Hardware 37

4 Betriebssoftware 45
   4.1 Betriebssysteme 46
   4.2 Benutzeroberflächen 50

5 Standardsoftware 57
   5.1 Textverarbeitung 57
   5.2 Tabellenkalkulation 61
   5.3 Datenmanagement 89
   5.4 Business Grafik 108
   5.5 Integrierte Systeme 114

6 Personalbereichsspezifische Software 125
   6.1 Zeiterfassung 125
   6.2 Betriebliches Vorschlagswesen 138
   6.3 Bewerberverwaltung 148
   6.4 Lohn und Gehalt 161
   6.5 Reisekosten- und Spesenabrechnung 175
   6.6 Ausbildungs- und Karriereplanung 180
   6.7 Führungskräfte-Fortbildung 192
   6.8 Unternehmenskultur-Analyse 211

7 Aktualisierungshinweis 219

8 Perspektive 221

9 Literaturhinweise 223

1 Ausgangslage: Die Herausforderung

1.1 Bedeutung des Personal Computers

Der Personal Computer stellt eine Herausforderung dar, der sich verstärkt auch Personalabteilungen stellen (müssen): Dabei geht es nicht nur darum, den Einsatz des Personal Computers in anderen betrieblichen Fachabteilungen flankierend zu unterstützen. Vielmehr muß der Personal Computer aufgrund der ständig wachsenden Informationsflut auch und gerade in der Personalabteilung seinen Platz finden. Schlagworte wie Europa 1992 und Computer Integrated Manufacturing (CIM) belegen Aktualität und Stellenwert von verbesserter Informationsversorgung.

Betriebliche Personalarbeit ist traditionell gekennzeichnet durch eine Vielzahl von Einzelinformationen, die für jeden Mitarbeiter gespeichert, aktualisiert und gegebenenfalls an Unternehmensexterne weitergeleitet werden müssen. Vier Tendenzen verstärken gegenwärtig den Anwendungsdruck für eine Computerisierung im Personalbereich:
- Die gesetzlich auferlegten Informationspflichten sind fast nur computerunterstützt erfüllbar.
- Steigende Flexibilitätserfordernisse verlangen ein systematisches Personalinformationsmanagement.
- Arbeitszeitmodelle und Prozeßautomation fördern eine Renaissance von Zeiterfassungssystemen.
- Die Computerisierung in den übrigen Fachabteilungen strahlt auf die Personalabteilung aus.

Personal Computer in der Personalabteilung
Gestaltungsinstrument   Bedarfsanalysen   Personalkosten   Konfigurationsbestimmung
Gestaltungsobjekt   Motivation   Führung   Kontrolle   Ergonomie

Der Personal Computer in der Personalabteilung wird damit einerseits Gestaltungsinstrument im Hinblick auf diverse Planungs-, Verwaltungs- und Steuerungsaufgaben in der Personalabteilung. Andererseits stellt er ein generelles Gestaltungsobjekt im Hinblick auf Motivation, Führung, Kontrolle und Ergonomie dar.

Im Rahmen dieses Leitfadens steht dabei primär der erstgenannte Aspekt im Vordergrund: Es geht also vorrangig darum, den Personal Computer sinnvoll zur Beantwortung personalwirtschaftlicher Fragestellungen zu verwenden. Dies setzt aber eine differenzierte Auseinandersetzung mit dem Personal Computer - seinen Stärken und Schwächen - voraus. Daraus ergibt sich dann ein stringentes Begründen für ein solches Forcieren des PC-Einsatzes in der Personalabteilung.

Der Stellenwert des Personal Computers gerade auch für den Personalbereich resultiert nicht nur aus den oben beschriebenen Anforderungen an die betriebliche Personalarbeit. Er folgt primär aus den Möglichkeiten, die vor allem der Personal Computer (mehr noch als der Großrechner) dem Anwender bietet.

"Klassisches" Computerprogramm

```
 File    Edit    Run    Compile    Options    Debug    Break/watch
───────────────────────────── Edit ─────────────────────────────
    Line 3      Col 3    Insert Indent         Unindent   A:TUEU_ADD.PAS
Program Addition;
Uses Crt;
var a,b : real;
begin
  ClrScr;
  write('Geben Sie den ersten Wert ein:    ');
  readln(a);
  write('Geben Sie den zweiten Wert ein:   ');
  readln(b);
  write('Das Ergebnis der Addition beträgt ',a+b);
  readln;
end.




                              ── Watch ──
 F1-Help  F5-Zoom  F6-Switch  F7-Trace  F8-Step  F9-Make  F10-Menu   NUM
```

Dies beginnt bereits mit der Form der Programmierung: *Computerprogramme* einer (höheren) Programmiersprache wie COBOL oder PASCAL bestehen aus einer Aneinanderreihung von Befehlen zur Eingabe, Verarbeitung und Ausgabe von Daten. Deshalb erlauben selbst flexibel angelegte Programme nur die Beantwortung einer bestimmten Gruppe von Fragen - nämlich genau der Fragen, die beim Programmentwurf vorgesehen wurden.

Als Alternative bieten sich seit rund fünf Jahren die *Tabellenkalkulationsprogramme* (spreadsheet-programs) an. Sie basieren jeweils auf einem im Computer gespeicherten Arbeitsbogen: Dieses "elektronische Arbeitsblatt" besteht bei einigen Spreadsheet-Programmen aus über zwei Millionen Zellen. Davon sieht der Benutzer jeweils einen kleinen Ausschnitt, den er beliebig verschieben kann.

Die Anwendung solcher Tabellenkalkulationsprogramme ist denkbar einfach: Die zunächst leeren Zellen werden vom Anwender in beliebiger Reihenfolge sukzessive mit Worten und Zahlen ausgefüllt. Darüber hinaus besteht die Möglichkeit - und darin liegt einer der Hauptvorteile dieser Arbeitsblätter - über Formeln, Funktionen und Querverweise die Zellen miteinander zu verknüpfen. Aufgrund eines einfachen und zumeist selbst erklärenden "Grundwortschatzes" von Editierbefehlen sind beim Benutzer für viele Problemstellungen nahezu keine EDV-Kenntnisse erforderlich.

Spreadsheet-Programme werden überwiegend für Personal Computer angeboten. Vor allem die auf Interaktivität und Benutzernähe abstellende Grundphilosophie von Tabellenkalkulationsprogrammen spricht für eine Nutzung auf dem Personal Computer.

Für eine Verwendung des Personal Computers im Personalmanagement gibt es darüber hinaus drei weitere wichtige Gründe:

o Die *physikalische Unabhängigkeit* des Personal Computers erlaubt eine lokale Datenhaltung und -analyse. Die Unabhängigkeit ist gerade für eine Anwendung im Personalbereich im Hinblick auf Datenschutz und Datensicherheit bedeutsam.

o Die *Flexibilität* des Personal Computers im Hinblick auf Gerätekonfiguration und Softwareausstattung unterstützt eine problembezogene Auswertung auch von personalwirtschaftlichen Fragestellungen.

o Die *Vernetzbarkeit* von Personal Computern vergrößert die Datenbasis der Personalplanung. So sind betriebliche, nationale und internationale Datenbanken für Planungsdaten, Rechtsprechung oder Arbeitsmarkt aufrufbar.

Um die Aufgaben beziehungsweise die Einsatzmöglichkeiten eines PC-gestützten Personalmanagements näher untersuchen zu können, bietet es sich an, nach unterschiedlichen Betriebsgrößen und Aufgabenarten zu differenzieren. Verwendet man für jede dieser beiden Dimensionen drei Alternativen, so führt dies zu insgesamt neun Bereichen für eine potentielle EDV-Unterstützung betrieblicher Personalarbeit.

Reduziert man die Matrix der "EDV-Unterstützung betrieblicher Personalarbeit" um die Zellen, in denen eine solche Hilfestellung aus ökonomischen Gründen noch wenig sinnvoll ist beziehungsweise in denen Großrechner oder Mittlere Datentechnik (MDT) dominieren, so zeigen sich in der Diagonale von links unten nach rechts oben folgende drei wesentliche Einsatzfelder für den Personal Computer:

o In *Großunternehmen* sind vorrangig solche Aufgaben vom Personal Computer zu übernehmen, die bisher überhaupt nicht EDV-gestützt gelöst wurden. Darüber hinaus läßt sich der Personal Computer zumindest als Ergänzung bei Problemen mittlerer Strukturiertheit einsetzen, die ansonsten auf dem Großrechner bearbeitet werden.

o In *Mittelbetrieben* ist die Bandbreite der Aufgaben, die dem Personal Computer übertragen werden können, am größten; sie reicht von der Unterstützung bei Routineaufgaben bis hin zu ersten Lösungsansätzen bei unstrukturierten Problemen.

o In *Kleinbetrieben*, die bisher gänzlich ohne EDV-Unterstützung auskommen mußten, sind jetzt (zumindest) einfache Routineaufgaben auf dem Personal Computer bewältigbar.

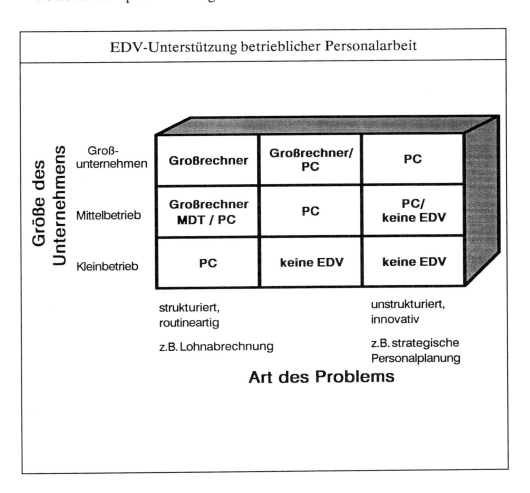

Viele der im Personalbereich verwendeten Daten sind in unternehmenseigenen oder in externen Datenbeständen bereits vorhanden. Durch die hard- und softwaremäßigen *Kommunikationsschnittstellen* des Personal Computers können diese Daten abgerufen und direkt weiterverarbeitet werden. Ähnliches gilt auch für Analysemethoden, die sich ebenfalls leicht auf den Personal Computer übertragen lassen.

Damit ergibt sich ein wichtiger Anknüpfungspunkt zu den vieldiskutierten *"neuen Informationstechnologien"* wie der integrierten Daten-, Sprach- und Bildübertragung: Beispielsweise lassen sich in Planungsrunden mit geographisch getrennten Teilnehmern parallel zur Sprach- und Bildkommunikation auch Daten austauschen, die von den Planern unabhängig voneinander nach verschiedenen Gesichtspunkten ausgewertet werden.

Ebenso ist es möglich, daß ein (Personal-)Planer sukzessive bei Fortschreiten der Problemlösung neue Informationsdefizite feststellt, dann schrittweise auf verschiedenste Datenquellen zugreift und Informationen oder Verknüpfungen in sein Tabellenkalkulationsprogramm einbaut. Gerade hier bietet der Personal Computer eine Fülle von Möglichkeiten, die weit über das hinausgehen, was bisher im Rahmen der "Groß-EDV" realisierbar war.

Vor allem kann sich der Benutzer des Personal Computers eine individuelle EDV-Arbeitsumgebung schaffen, die auch neuartige Fragestellungen zuläßt. Dies kann mit einem kleinen Modell in einem Tabellenkalkulationsprogramm beginnen, dann über eine komplexere Lösung mit unternehmenseigenen Datenbeständen weitergeführt werden und schließlich zu einer umfassenden Analysemethodik ausreifen, die dann zur Durchführung der Rechenoperationen durchaus die Kapazität eines Großrechners in Anspruch nehmen kann.

Diese Vorgehensweise erlaubt es dann auch, unstrukturierte und innovative Fragestellungen mit Hilfe des Personal Computers einer Lösung näher zu bringen. Dies gilt vor allem für Fragestellungen aus dem Bereich der strategischen Personalplanung, die sich überwiegend durch einen unstrukturierten Gesamtzusammenhang auszeichnet. Auch ist es hier notwendig, Datenbestände aus anderen Planungsbereichen mit personalspezifischen Aspekten zusammenzuführen und integrierte Gesamtlösungen zu erarbeiten.

Beachtet man die Kosten für die Kombination "Personal Computer + Tabellenkalkulationsprogramm", so sind leistungsstarke Systeme (Hard- und Software) für weit unter 10.000 DM erhältlich - mit nach wie vor fallender Preistendenz. Hinzu kommt allerdings bei umfangreichen Anwendungen noch der Aufwand für die (unter Umständen externe) Modellentwicklung.

Trotzdem ist aber bereits an dieser Stelle auf eine Reihe potentieller Gegenargumente hinzuweisen, die gegen einen Einsatz des Personal Computers in der Personalabteilung zu sprechen scheinen. Dies beginnt mit dem Kostenargument, wonach die großflächige Ausstattung einer Personalabteilung mit Personal Computern zu erheblichen Kosten führen kann: Beispielsweise sind bei einer Personalabteilung mit 15 Mitarbeitern Gesamtkosten von 100.000,- DM nicht unrealistisch.

Dementgegen stehen aber die Kosten, die beispielsweise mit dem Anschluß der Personalabteilung an eine zentrale EDV verbunden sind. Auch hier ist mit einem erheblichen finanziellen Aufwand zu rechnen, weswegen der Einsatz von Personal Computern selbst als Endgeräte an Großrechnerlösungen Kosten sparen kann. In diesem Fall sind die Personal Computer auch weit über die meist recht begrenzten Möglichkeiten der Groß-EDV hinaus einsetzbar.

Gerade in kleineren Unternehmen bietet sich der Personal Computer zunehmend auch als stand-alone-Gerät an: Für seinen Einsatz spricht die Fülle der Möglichkeiten, beginnend bei Adreßverwaltung, über Budgetkontrolle bis hin zur Abwicklung von diversen Planungsvorhaben.

1.2 Die Personalabteilung und ihr Selbstverständnis

Ob und inwieweit tatsächlich der Personal Computer als Teil einer globalen EDV-Infrastruktur in der Personalabteilung zum Einsatz kommt, hängt nicht nur von den technischen Gegebenheiten ab. Ausschlaggebend ist vielmehr vor allem das *Selbstverständnis* und die selbst definierte *Rolle* der Personalabteilung. Anders als beim heute (häufig) noch praktizierten "Personal- und Sozialwesen" bieten sich hier eine Fülle von strategischen Chancen.

Dazu ist es allerdings erforderlich, daß sich die Personalabteilung (noch weiter) von einer alleinigen "Personal-Administration" wegentwickelt. Modernes Personalmanagement muß vielmehr - neben der Verhaltensorientierung - eine strikte Informationsorientierung aufweisen: Dies bedeutet neben der Verarbeitung von Daten auf Personalmanagementfeldern wie Bestandsanalyse und Kostenplanung auch ein Forcieren der entsprechenden EDV-Technologie und der EDV-gestützten Planungsmethodik.

Da die EDV-Infrastruktur in allen Unternehmen unaufhörlich wächst, würde es eine "Maschinenstürmerei" bedeuten, das Rad der Zeit auf die Lochkartenära zurückzudrehen. Im Gegenteil: Angesichts der zu lösenden Probleme liegt auch die Nutzung dieses Potentials durch die Personalabteilung nahe. Reaktionszeiten müssen sich zwangsläufig verkürzen! Gerade hier stellt der Personal Computer als eine entscheidende Neuerung des vergangenen Jahrzehnts im Bereich der EDV eine wesentliche Hilfe dar. Die Umsetzung einer solchen Vision hat in einigen Personalabteilungen nicht nur begonnen, sie wurde vielmehr auch bereits erfolgreich weitergeführt.

Dabei geht es nicht nur darum, bestehende "Papier- und Bleistiftansätze" auf dem Personal Computer effizienter zu lösen. Es können darüber hinaus Szenarien evaluiert, Entwicklungen abgeschätzt und Qualifikationsstrategien entwickelt werden, die vorher in dieser Form nicht so leicht bestimmbar waren. Durch die Kombination von *Intuition* und *Erfahrung* des Planers mit der Informationsverarbeitungskapazität von Personal Computern werden gerade im Hinblick auf ein zeitgemäßes Personalmanagement bisher ungenutzte Potentiale realisierbar.

Dies erfordert in vielen Fällen ein Umdenken: Die Zeiten, in denen ein Personalleiter "aus Akzeptanzgründen" kein Terminal und schon gar keinen Personal Computer auf seinem Schreibtisch stehen haben wollte, müssen der Vergangenheit angehören. Zudem müssen Mitarbeiter der Personalabteilung selbst verstärkt inner- und überbetriebliche Schulungen absolvieren, um die nötige PC-Fachkompetenz zu entwickeln. Nur so ist gewährleistet, daß die EDV-Infrastruktur in der Personalabteilung und speziell die Ausstattung mit Personal Computern nicht länger ein Produkt des Zufalls sind.

1.3 Der PC-Markt: Konstanz trotz Heterogenität

Üblicherweise gliedert man den PC-Markt im Hinblick auf die Zielgruppen in vier Segmente:
- Personal Computer für geschäftlich/professionelle Zwecke,
- Personal Computer für technisch/wissenschaftliche Zwecke,
- Personal Computer für das Bildungswesen sowie
- Heimcomputer.

Der nachfolgend primär interessierende Markt für geschäftlich/professionelle Zwecke umfaßt den kommerziellen Bereich mit Büroangestellten, Beamten, technischen Angestellten sowie Freiberuflern: also alle Berufstätigen, die an ihrem Arbeitsplatz einen Personal Computer einsetzen. Der Personal Computer kann in diesem Zusammenhang nicht nur als isolierter Rechner, sondern auch als Eingabeterminal für den Großrechner beziehungsweise als Server in einem PC-Netz dienen.

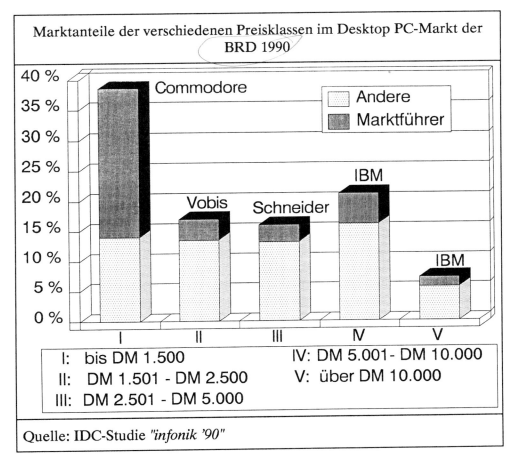

Quelle: IDC-Studie *infonik '90*

In diesem Sektor werden derzeit rund eine halbe Million Personal Computer eingesetzt. Die Marktanteile der Anbieter unterscheiden sich sowohl im Hinblick auf die Absatzmenge als auch auf den wertmäßigen Umsatz. Dieser Unterschied wird besonders beim Vergleich der vier größten Anbieter deutlich: In den oberen Preisklassen ist **IBM** nach wie vor Marktführer. Dies erklärt sich im wesentlichen aus der historischen Dominanz von **IBM** auf dem PC-Markt.

Insgesamt waren im Januar 1990 in Deutschland rund 1,4 Millionen Personal Computer installiert. Bei den Prozessorklassen verdrängt der 80286er Prozessor langsam die älteren Modelle. Auch dürfte sich der zu Beginn des Jahres 1990 noch geringe Anteil der 80386er Prozessoren erheblich ausweiten, da der Preis für diese Prozessorklasse inzwischen stark gesunken ist.

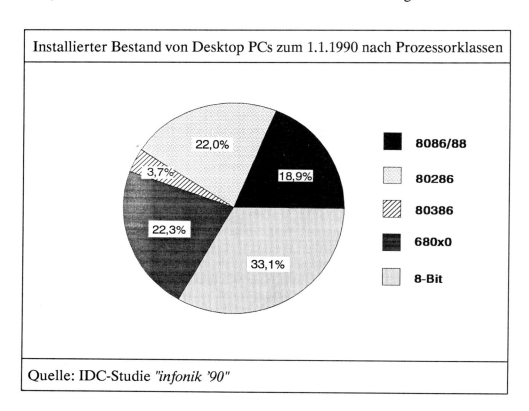

Installierter Bestand von Desktop PCs zum 1.1.1990 nach Prozessorklassen

Quelle: IDC-Studie *"infonik '90"*

1.4 Der PC im Personalbereich: Eine empirische Studie

Vor dem Hintergrund eines umfassenden Konzeptes für ein informations- und verhaltensorientiertes Personalmanagement - an anderer Stelle ausführlich erläutert[*] - stellt sich zwangsläufig die Frage nach der tatsächlichen Verbreitung beziehungsweise Nutzung des Personal Computers im Personalbereich. Eine 1987/88 vom Lehrstuhl für Organisation, Personal- und Informationsmanagement der Universität des Saarlandes durchgeführte Fragebogenaktion liefert die Antwort.

Stichprobenstruktur

Um mit vertretbarem Aufwand ein Maximum an Informationen zu erhalten, wurden zwei Erhebungsgruppen definiert: *Gruppe 1* enthält die nach Umsatz beziehungsweise Bilanzsumme größten eigenständigen Unternehmen der Bundesrepublik, *Gruppe 2* alle Unternehmen des IHK-Bezirkes Saarland mit mindestens 20 Mitarbeitern. Diese beiden Gruppen sind nahezu überschneidungsfrei: Lediglich vier Unternehmen der Gruppe 1 haben ihren Firmensitz im Saarland. Der Rücklauf auswertbarer Fragebogen betrug 138.

Einteilung der Beschäftigtenzahl in drei Größenklassen			
Betreute Mitarbeiter	Bezeichnung	n	%
bis 199	klein	47	34
200 bis 1999	mittel	35	25
2000 und mehr	groß	55	40
keine Angabe	---	1	1
Summe		138	100

---

[*] Vgl. Scholz, Chr.: Personalmanagement - Informationsorientierte und verhaltenstheoretische Grundlagen, München (Vahlens Handbücher der Wirtschafts- und Sozialwissenschaften) 1989.

Die folgende Abbildung zeigt, daß die Größe der Unternehmen in den einzelnen Branchen zum Teil erhebliche Unterschiede aufweist: So gehören beispielsweise von den 12 Unternehmen der Gruppe Banken und Versicherungen 67% zu den Großunternehmen, während aus dem Textil- oder Baubereich vor allem kleine Unternehmen vertreten sind.

Verteilung der Stichprobe nach Branchen und Größenklassen (n = 138; ein Unternehmen 'Sonstige' ohne Angaben zu Beschäftigten)					
Branche	n	%	Größenklasse (%)		
			klein	mittel	groß
Einzel- und Großhandel	31	22	45	23	32
Metall und Stahl	29	21	41	35	24
Banken und Versicherungen	12	9	0	33	67
Chemie und Papier	12	9	17	17	67
Bergbau und Energie	10	7	20	20	60
Elektronik	8	6	38	0	63
Bau- u. Bauzulieferindustrie	7	5	86	14	0
Nahrungs- und Genußmittel	6	4	17	33	50
Verkehr, Transport, Touristik	5	4	0	40	60
Mineralöl	4	3	0	25	75
Textil	4	3	75	25	0
Sonstige	10	7	44	33	22
Summe	138	100	34	26	40

Hardware-Verbreitung

51% der Unternehmen setzen in der Personalabteilung einen oder mehrere Personal Computer ein: Daraus ergibt sich ein Durchschnitt von etwas über drei Personal Computern pro Unternehmen. Die höchste Anzahl der in Personalabteilungen eines Unternehmens vorkommenden Personal Computer beträgt 55. Immerhin 49% der Unternehmen haben aber überhaupt keinen Personal Computer in der Personalabteilung im Einsatz!

Der weitaus größte Teil der Personalabteilungen mit weniger als 2000 betreuten Mitarbeitern setzt keinen Personal Computer ein: 74% der kleinen Unternehmen sowie 60% der mittleren Unternehmen verzichten auf PC-Unterstützung. Also gerade dort, wo Personal Computer sehr sinnvoll eingesetzt werden könnten, zeigt sich die geringste Verbreitung. Aber auch in den großen Unternehmen mit über 2000 Mitarbeitern wird teilweise auf den Personal Computer im Personalbereich verzichtet, obwohl er hier vor allem für die strategische Planung wichtig wäre: 18% dieser Unternehmen verzeichnen keinen PC-Einsatz im Personalbereich.

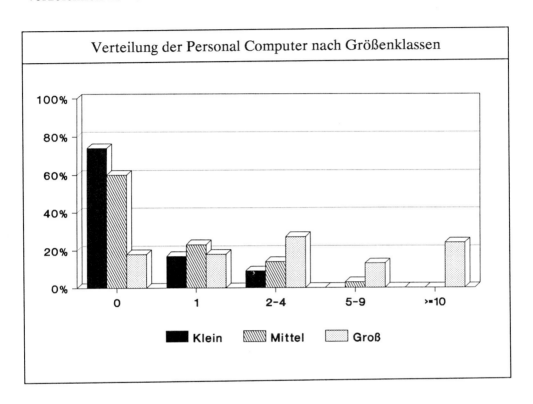

In den Unternehmen mit PC-Einsatz sind rund ein Drittel vernetzt und zwei Drittel unvernetzt: Häufigste Anwendungsart ist der klassische Einzelplatzrechner im sogenannten "Industriestandard", als unvernetzter Personal Computer mit Festplatte. Die gemeinsame Nutzung von Daten ist hier nur durch den Austausch von Datenträgern (Disketten) realisierbar. Die "fortschrittlichere" Variante des vernetzten Personal Computers mit Festplatte findet sich nur in rund einem Drittel der Unternehmen mit einem PC in der Personalabteilung.

Software-Verbreitung

Neben Eigenentwicklungen, ad-hoc-Auswertungen auf Basis von Programmiersprachen und der Nutzung von Host-Programmen auf dem (zentralen) Großrechner kommt in den Personalabteilungen überwiegend Standard-Software aus unterschiedlichsten Anwendungsgebieten zum Einsatz: Die 71 Unternehmen mit PC-Anwendungen nannten insgesamt 39 verschiedene Programme dieser Art.

Anzahl in einer Personalabteilung parallel verwendeter Programme		
Anzahl verschiedener PC-Software	n	%
1 Programm	19	27
2 Programme	24	34
3 Programme	10	14
4 Programme	8	11
5 Programme	4	6
6 Programme	2	3
Keine Angaben zum Software-Einsatz	4	6
Summe	71	100

In der Regel wird dabei jedoch nur mit zwei bis drei Programmen gearbeitet: Dies ist zumindest teilweise auf die Tendenz zurückzuführen, den Personal Computer (nur) gezielt zur Bewältigung einzelner gerade anstehender Probleme einzusetzen. Hierbei kommt die (potentielle) Multifunktionalität der Personal Computer zwangsläufig etwas zu kurz. Zudem erklärt sich die selektive Programmverwendung aus der Tatsache, daß sich viele Programme universell für diverse Fragestellungen anbieten. Dies zeigt deutlich, daß die verwendeten Programme Standardsoftware-Typen zugeordnet werden. Wegen des parallelen Einsatzes verschiedener Programme in einzelnen Personalabteilungen ergeben sich dabei Mehrfachnennungen.

Häufigkeit installierter Standardsoftware-Typen (n = 71 mit Mehrfachnennungen)		
Standardsoftware-Typen	n	%
Tabellenkalkulationsprogramme	26	37
Integrierte Softwaresysteme	24	34
Textverarbeitungsprogramme	22	31
Datenbankverwaltungs-Software	21	30
Grafikprogramme	12	17
Lohn- und Gehaltsabrechnungsprogramme	6	8
Programmiersprachen	4	6

Analysiert man im einzelnen die vorhandenen Programme, so zeigt sich im Bereich der Software zum Datenmanagement eine Dominanz von **dBase**, im Bereich der Tabellenkalkulation eine Vorherrschaft von **Lotus 1-2-3** beziehungsweise dem dazu weitgehend (aufwärts-)kompatiblen **Symphony**.

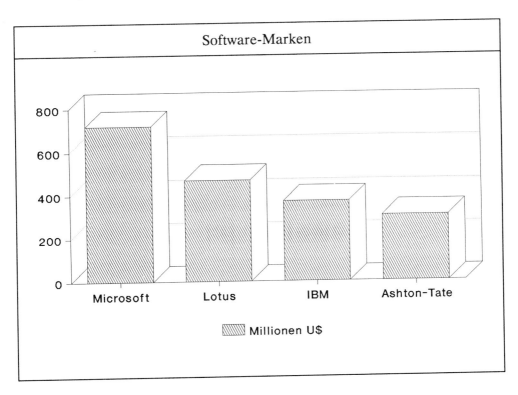

PC-Nutzung

Mit der oben beschriebenen Hard- und Software wird eine Fülle unterschiedlicher Anwendungen unterstützt. Das Ergebnis zeigt, wie vielseitig Personal Computer schon heute genutzt werden. Sie macht aber auch durch die relativ geringen Belegungszahlen deutlich, daß noch ein großes Potential existiert, Personalarbeit flexibler und effizienter zu gestalten.

Häufigkeit der PC-Anwendungen (n = 71 entspricht 100% der Unternehmen mit Personal Computer)		
PC-Anwendungen	n	%
Erstellen von Statistiken	34	48
Textverarbeitung/Korrespondenz	32	45
Lohn- und Gehaltsabrechnung	14	20
Erstellen von Grafiken	13	18
Personalverwaltung	13	18
Personalkostenplanung	10	14
Anfertigen von Analysen	9	13
Personaldatenverwaltung	9	13
Personalkostenkontrolle	7	10
Entwicklungsplanung	6	8
Beschaffungsplanung	6	8
Stellen- und Stellenbesetzungsplanung	6	8
Altersversorgung	5	7
Bewerberverwaltung	5	7
Personaleinsatzplanung	5	7
Personalbestandsdatenverwaltung	4	6
Verwaltung von (Fort-)Bildungsveranstaltungen	4	6
Grundsatzfragen	4	6
Verwaltung der Pensionärs- und Rentnerdaten	4	6
Tarifpolitik	4	6
Verwaltung der Verbesserungsvorschläge	4	6
Personalbedarfsplanung	3	4
Fehlzeitenstatistik	3	4
Erstellen von Listen	3	4
Erstellen von Organigrammen	3	4
Schulung von Mitarbeitern am PC	3	4
Sozialpolitik	3	4
Aus-, Fort- und Weiterbildungsplanung	3	4

PC-Anwendergruppen

Die von 35 Unternehmen besonders umfassend beantworteten Fragebogen lassen eine genaue Zuordnung von einzelnen PC-gestützten Anwendungen auf die Funktion des damit betrauten Mitarbeiters zu:

Personalleiter nutzen ihren Personal Computer vor allem für
- Personalkostenkontrolle,
- Pensionärsdatenverwaltung,
- Gehaltsvergleiche,
- Entwicklungsplanung,
- Führungskräftebetreuung und
- Einsatzplanung.

Als Software setzen Personalleiter vor allem integrierte Software-Systeme und Datenbanksysteme ein.

Personalsachbearbeiter bilden die größte Gruppe, die mit Personal Computern arbeitet. Sie setzen fast alle genannten Programme auf nahezu allen Aufgabenfeldern ein.

Im Sekretariat der Personalabteilung wird der Personal Computer bisher fast ausschließlich zur Textverarbeitung eingesetzt.

PC-Verzichtsgründe

Die meisten Unternehmen ohne PC-Einsatz gaben dezidiert Gründe für ihren völligen Verzicht auf Personal Computer an: überwiegend Existenz anderer EDV-Anlagen und externe Vergabe von EDV-Aufgaben.

Die Begründungen für den (bisherigen) Verzicht auf einen PC-Einsatz sprechen eine eindeutige Sprache: Sie zeigen, daß in den Unternehmen, die keinen PC einsetzen, offenbar überhaupt keine Notwendigkeit dafür gesehen wird. Angesichts der hinlänglich bekannten Schwächen der gegenwärtigen "Groß-EDV" muß dies erstaunen: Eine rasche ad-hoc-Auswertung ist dort genauso unmöglich wie das effiziente Erstellen sinnvoller und aussagekräftiger Grafiken.

Gründe für einen PC-Verzicht (n = 67 Unternehmen ohne Personal Computer; mit Mehrfachnennungen)		
	n	%
Existenz anderer EDV-Anlagen	38	57
Externe Datenverarbeitung	8	12
Unternehmen zu klein	3	4
PC zu teuer	3	4
Betriebsverfassungsgesetz	1	1
Datenschutzgesetz und -rechtsprechung	1	1
Datensicherheit nicht gewährleistet	1	1
Vermeidung von Insellösungen	1	1
Probleme mit der Vernetzung	1	1
Kein qualifiziertes Personal vorhanden	1	1
Fehlende geeignete Standard-Software	1	1

Konsequenz

Bei der Bewertung dieser PC-Statistiken ist vor allem auf die relativ geringe Verbreitung des Personal Computers in der Personalabteilung hinzuweisen. Geht man davon aus, daß in der Gruppe der Nichtbeantworter die PC-Verbreitung vermutlich geringer ist, so dürfte die Personalabteilung weitgehend als Neuland für den Personal Computer anzusehen sein. Die Gründe liegen auf der Hand: Im wesentlichen wird die Notwendigkeit (noch) nicht gesehen, da Groß-EDV und externe Datenverarbeitung als ausreichend eingestuft werden. Ausschlaggebend ist dabei sicherlich nicht der objektive Tatbestand (wonach gerade diese EDV-Unterstützungen durchaus ihre Schwächen haben), sondern vielmehr der subjektive Grad der Zufriedenheit der Benutzer: Sie sind mit den bisherigen Lösungen oft (noch) zufrieden.

Auch bei den Argumenten "Unternehmen zu klein" und "PC zu teuer" scheint es eher um subjektive Einschätzungen zu gehen: Gerade in kleineren Betrieben bietet sich der Personal Computer selbst zur Lohn- und Gehaltsabrechnung an. Ein grafikfähiges Farbterminal für einen Großrechner (inklusive Anschluß) ist im Vergleich zu einem kompletten Personal Computer mit entsprechender Software kaum kostengünstiger.

Auf der anderen Seite nutzen die Unternehmen mit PC-Anwendung in der Personalabteilung dieses Gerät teilweise für eine Fülle möglicher Anwendungen. Dies verdeutlicht das Leistungsspektrum des Personal Computers für diesen Einsatzbereich. So überrascht es auch nicht, daß vor allem die Unternehmen weitere Einsatzchancen für den Personal Computer sehen, die diesen bereits nutzen. Die Unternehmen dagegen, die auf den Personal Computer bisher verzichten, sehen auch wesentlich weniger Entwicklungschancen.

Bei sämtlichen Benutzergruppen scheinen dagegen Argumente wie Datenschutz und Datensicherheit, Insellösung, Vernetzung oder Software-Angebot erstaunlicherweise nur selten im Mittelpunkt der Betrachtung zu stehen: Hier schlummern teilweise gravierende Probleme, die nur bei entsprechender Antizipation und bei ausreichender Information sinnvoll lösbar sind.

Der Verzicht auf Personal Computer verhindert
Spontaneität
Kreativität
Aktualität
Flexibilität
im Personalbereich!

1.5 Die Vision: Der PC-Leitstand

Es gibt (nicht nur in diesem Leitfaden) unzählige Hinweise auf die essentielle Bedeutung von aktueller Information auch und gerade im Personalbereich. Entsprechende Technologien stehen bereits jetzt beziehungsweise in absehbarer Zeit zur Verfügung.

Entsprechend läßt sich als Vision der PC-Arbeitsplatz in der zeitgemäßen Personalabteilung relativ klar charakterisieren: Auf dem Bildschirm befinden sich eine Reihe ad hoc abrufbarer Informationen, darunter verschiedene grafisch aufbereitete Personalstatistiken. Auch Telefonverzeichnisse, Mitarbeiterdateien, diverse Kennziffern, Unternehmensdaten (wie Produktions-und Absatzplanung) bis hin zur aktuellen Werkszeitung sind sofort anwählbar. Sofern gewünscht, läßt sich über den Personal Computer auch die Telefon- oder PC-Verbindung zu anderen Personen oder Dateien herstellen.

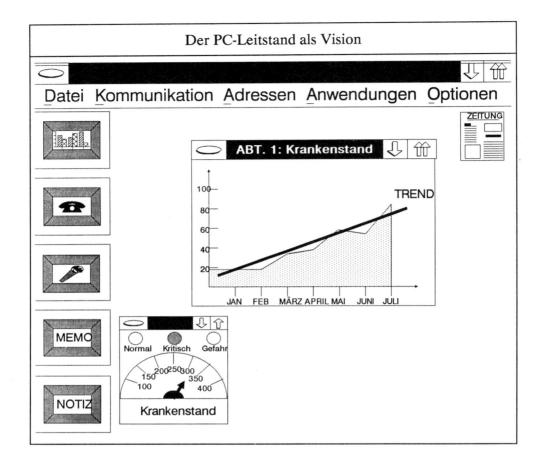

Ein derartiger PC-Leitstand[*] informiert den Personalmanager auf einen Blick über die wichtigsten Entwicklungen in seinem Bereich und ermöglicht zudem tiefergehende Analysen. Viele sind Routineanwendungen, weshalb sich der Benutzer aufgrund entsprechender Voreinstellungen auf dem Rechner keine Gedanken darüber machen muß, wo sich Daten und Programme befinden: Beispielsweise ist es für ihn unwesentlich, ob für spezielle Informationen auf den Großrechner zugegriffen wird. Analoges gilt für die Verknüpfung von Daten und Programmen.

Einiges scheint auf den ersten Blick auch durch ein Terminal realisierbar, das mit einem Großrechner verbunden ist. Dies mag für die reine Bereitstellung von Informationen zutreffen, nur begrenzt aber für ihre Analyse und kaum für individuelle Problemlösungen. Hier kommt eine Fülle von

---

* Derzeit entwickelt die PRISMA Prof. Scholz GmbH in Saarbrücken einen entsprechenden Prototyp.

Fülle von Software zum Einsatz, die in dieser Form in absehbarer Zeit für Großrechner nicht existieren wird.

Unabhängig von technologischen Aspekten bleibt festzuhalten: Trotz Notwendigkeit und Sinnhaftigkeit des PC-Leitstandes in der Personalabteilung darf dies nie zu einer Mechanisierung und Taylorisierung im Personalbereich führen. Mitarbeiter sind mehr als Personalnummern und müssen es auch bleiben. Auch Aspekte wie "informatorische Selbstbestimmung" und "gläserner Mensch" behalten weiterhin unvermindert Aktualität.

Vielmehr muß der Umkehrschluß gelten: Gerade, weil ein Forcieren von Personal Computern zu einer wesentlichen Entlastung der Personalabteilung führt, bleibt verstärkt Zeit für die immer notwendiger werdende Berücksichtigung verhaltensorientierter Aspekte, also des "menschlichen" Faktors.

> Gerade ein PC-gestütztes Personalmanagement muß zwingend auf eine Synthese aus informations- *und* verhaltensorientierten Gesichtspunkten hinauslaufen.

1.6 Die Realität: Personal Computing

Während das Konzept des *PC-Leitstandes* in der Personalabteilung zur Zeit noch futuristische Züge trägt, hat sich der Gedanke einer individuellen Datenverarbeitung bereits durchgesetzt: Unter individueller Datenverarbeitung (*Personal Computing*) versteht man die unmittelbare und selbständige Lösung diverser Fragestellungen an einem EDV-Arbeitsplatz.

Mit Hilfe geeigneter Hard- und Software ist es somit beispielsweise möglich
- zentrale Daten aus einem Datenbanksystem abzurufen,
- sie in einem Kalkulationsprogramm durchzurechnen,
- die Ergebnisse in aussagefähige Grafiken umzusetzen und
- diese anschließend mit einem entsprechenden Text zu umgeben.

Personal Computing heißt auch rasche Entwicklung von Entscheidungsgrundlagen direkt am Arbeitsplatz. Dies führt auf Sachbearbeiterebene zu einem umfassenden *Job Enrichment*, zu einer Erweiterung des Aufgabenspektrums.

Analoges gilt für den Vorgesetzten: In vielen Fällen ist es weniger zeitaufwendig, eine Problemstellung in den Computer einzugeben (und sofort die Lösung zu bekommen), als dieses einer Stabsabteilung oder der zentralen EDV-Abteilung zu schildern (und oft erst relativ spät eine Lösung zu erhalten).

Dies bedeutet natürlich nicht, daß Führungskräfte während der gesamten Arbeitszeit selbst am Computer sitzen sollen. Dennoch: Angesichts der Potentiale des Personal Computings liegt der Umgang mit dem Computer auch für "obere" Führungskräfte im "Zeitgeist".

Der Ausdruck "Personal Computing" weckt eine unmittelbare Assoziation mit "Personal Computer". Grundsätzlich läßt sich Personal Computing im

Sinne individueller Datenverarbeitung jedoch auch auf dem Großrechner betreiben. Angesichts der deutlichen Überlegenheit der für Personal Computing angebotenen Hard- und Software kann es zur Zeit in sinnvoller Form aber fast nur auf dem Personal Computer betrieben werden.

> Personal Computing bedeutet beim gegenwärtigen Stand der Technologie eine Verwendung von Personal Computern zur individuellen Datenverarbeitung.

Auch aus diesem Grund beschäftigt sich der vorliegende Leitfaden ausschließlich mit dem Personal Computer, bezieht jedoch die oft unumgängliche Verbindung zum Großrechner (implizit) mit in die Überlegungen ein.

2 Das A-B-C-D-Modell

Bevor man sich konkret dem Einsatz des Personal Computers in der Personalabteilung zuwendet, muß die zugrundeliegende Einführungsstrategie klar sein. Dazu gehört vor allem die Bestimmung des mit dem PC-Einsatz verfolgten Zieles, wofür es im einzelnen vier Ansatzpunkte gibt:

o Sieht man die *Aufgaben* als Auslöser an, so orientiert man sich primär an den gegenwärtigen Tätigkeiten in der Personalabteilung und versucht diese auf den PC zu übertragen.

o Sieht man die *Benutzer* als entscheidenden Faktor an, so wird man die PC-Lösung an den Mitarbeitern der Personalabteilung ausrichten. Je nachdem ob "PC-Freaks" oder "PC-Ablehner" dominieren, entstehen technisch (über-)ausgeprägte oder über einen Mindestbestand nicht hinausgehende Lösungen.

o Sieht man die *Chancen* eines PC-Einsatzes als treibende Kraft an, so stehen die strategischen Perspektiven im Mittelpunkt. Hier geht es nicht um die Übertragung gegenwärtiger Aufgaben auf den Personal Computer und auch nicht nur um eine Erfüllung der aktuellen Wünsche gegenwärtiger Benutzer. Vielmehr soll der Personal Computer das Leistungspotential auf neue Bereiche ausweiten.

o Sieht man die in "EDV-naher"-Form vorliegenden *Daten* als entscheidendes Regulativ an, so ist im Regelfall der PC-Einsatz danach auszurichten, welche Datenmengen zur Zeit am Großrechner vorliegen.

Grundsätzlich haben alle vier Ziele als Ausgangspunkte ihre Legitimation, wenngleich hauptsächlich ihre Kombination vielversprechend ist. Konkret bedeutet dies beispielsweise, sich bei der Planung von PC-Konzeptionen in der Personalabteilung nicht durch das (derzeit) vorhandene "Daten-Korsett" begrenzen zu lassen. Umgekehrt darf aber auch ein strategisch weitsichtiger Entwurf nicht die aktuellen Daten, Benutzer und Aufgaben übersehen. Erst eine sinnvolle Verbindung von Aufgaben, Benutzern, Chancen und Daten verspricht somit langfristige Akzeptanz und Erfolg.

Deshalb ist in der ersten Analysephase mit Hilfe vom A-B-C-D-Modell die eigene Motivation für den PC-Einsatz zu diagnostizieren, um dann die übrigen Bereiche als potentielle Defizite erkennen und ausgleichen zu können.

2.1 Aufgaben

Die Hauptaufgabe eines computerunterstützten Personalmanagements liegt zunächst darin, die Bearbeitung anfallender Tätigkeiten in der Personalabteilung zu erleichtern: Es soll die Effizienz gesteigert und Zeit eingespart werden.

Zum einen gilt dies für voraussichtlich einmalige Fragestellungen, die aber nur mit der Rechen- und Datenkapazität eines Computers sinnvoll lösbar sind. Beispiele dafür sind
- die Entwicklung eines Vermögensbildungs-Modells,
- die Analyse einer Altersstatistik,
- die Berechnung von Konsequenzen eines spezifischen Tarifabschlusses oder
- die Gestaltung einer Fluktuationsanalyse.

Gerade für diese Tätigkeiten bietet sich der Personal Computer an, da sich mit ihm interaktiv das entsprechende Modell entwickeln läßt. Bei derartigen Aufgaben ist davon auszugehen, daß es sich um allenfalls fallweise Analysetätigkeiten handelt: Trotzdem bringen sie im Regelfall einen Rechenaufwand mit sich, der eine "Papier- und Bleistiftlösung" ausscheiden läßt.

Zum anderen bietet sich der PC-Einsatz für Aufgaben an, die zur Zeit entweder manuell oder bei nur geringer Effizienz auf einem Großrechner gelöst werden. Beispiele dafür sind
- Unterstützung der Personalkostenkontrolle,
- Verwaltung von Weiterbildungsaktivitäten,
- Verwaltung von Stellenbeschreibungen,
- Abwicklung der Personalbeschaffung,
- Erstellung von Dienstplänen oder
- Abwicklung des betrieblichen Vorschlagswesens.

Diese Aufgaben werden zwangsläufig in der einen oder anderen Form in fast allen Unternehmen realisiert, nicht immer jedoch mit der entsprechenden informationstechnologischen Effizienz. Dies gilt auch für die Notwendigkeit zur Pflege der Stammdaten auf der zentralen Lohn- und Gehaltsabrechnung. Allein aufgrund größerer Belegschaftszahlen ergeben sich hier ernstzunehmende Mengenprobleme. Berücksichtigt man zudem die Notwendigkeit zur routinemäßigen beziehungsweise zur fallweisen Erstellung diverser Listen (von Jubiläen bis zu Altersstrukturen), so bietet sich auch hier der Personal Computer an, der an einen Großrechner angeschlossen ist.

Aufgrund der oft hohen Konkretisierung dieser Problemstellungen läßt sich für beide Bereiche im Regelfall die nötige Computerunterstützung relativ leicht spezifizieren und umsetzen.

2.2 Benutzer

Adressaten eines PC-gestützten Personalmanagements sind an erster Stelle Sachbearbeiter, die im Rahmen eines meist eingegrenzten Aufgabenbereiches konkrete Fragestellungen zu lösen haben. Darüber hinaus können und sollten sich aber auch Führungskräfte aller Hierarchieebenen direkt mit dem Personal Computer auseinandersetzen.

Gerade das zuvor angesprochene Konzept des Personal-Leitstands sowie diverse Ansätze zum Personalcontrolling sprechen dafür, daß sich auch "obere" Führungskräfte direkt am Bildschirm mit Fragestellungen aus dem Personalbereich auseinandersetzen. Dies führt nicht nur zu einer größeren Problemeinsicht, es verhindert auch das (unbewußte) Ausfiltern von Informationen anderer "informationsverarbeitender" Einheiten.

Folglich sind hinsichtlich der Benutzer zwei Aspekte in Betracht zu ziehen: Zum einen die aufgabenbezogene beziehungsweise hierarchische Differenzierung zwischen Führungskräften und Sachbearbeitern, zum anderen die Unterscheidung nach den technischen Kenntnissen der Mitarbeiter in "PC-Freaks" und "PC-Neulinge":

o Die Charakterisierung "Führungskraft/Sachbearbeiter" impliziert eine unterschiedliche Behandlung der Mitarbeiter bezüglich der Ausstattung mit Programmen und Zugriffsrechten (Paßwörter). So wird ein Sachbearbeiter im Regelfall mit einem engeren Spektrum an Programmen sowie eingeschränkten Benutzerrechten arbeiten. Umgekehrt kann beispielsweise Führungskräften in vielen Fällen lediglich der Lese-Zugriff zu Daten gestattet werden, um irrtümliche Veränderungen auszuschließen.

o Die Charakterisierung "PC-Freak/PC-Neuling" bezieht sich auf die Form der Computerunterstützung. So brauchen gerade PC-Neulinge entsprechende Hilfestellungen durch das System, während der PC-Profi an der Wahl der Hard- und Software beteiligt werden kann.

	PC-Benutzer	
	ohne breite EDV-Kenntnisse	mit breiten EDV-Kenntnissen
Sachbearbeiter	**(1)**	**(2)**
Führungskraft	**(3)**	**(4)**

Letztlich sind also vier verschiedene <u>Benutzergruppen</u> Adressaten eines PC-gestützten Personalmanagements:

(1) Der Sachbearbeiter *ohne* breite EDV-Kenntnisse, der sich überwiegend mit Routineproblemen beschäftigt: Er erhält dazu klare Benutzeroberflächen mit strukturierten Hilfestellungen. Über Auswahlmenüs wird er somit zu konkreten Fragestellungen hingeführt und mit entsprechenden Lösungen versorgt. Im Regelfall wird hier durch die Vergabe von Zugriffsrechten sichergestellt, daß der betreffende Sachbearbeiter nicht irrtümlich in andere Programmroutinen gerät und sein Personal Computer für ihn "unkontrollierbar" wird.

(2) Der Sachbearbeiter *mit* breiten EDV-Kenntnissen bringt dagegen durchaus eigene Anregungen mit ein: Er liefert Problemlösungen auch für Fragestellungen, die bisher noch nicht EDV-gestützt realisiert wurden. Dieser "EDV-Profi" in der Personalabteilung wirkt bei der Erstellung von Anwendungen unmittelbar mit beziehungsweise konzipiert im Team mit externen Programmierern unternehmensspezifische Lösungen.

(3) Die Führungskraft *ohne* substantielle PC-Kenntnisse nutzt den Personal Computer auf dem Schreibtisch zur Gestaltung von ad hoc-Abfragen und vorstrukturierten Informationen. Speziell hier ist noch einmal auf den Gedanken des PC-Leitstands hinzuweisen: Gerade eine solche Lösung ermöglicht es, auf einen Blick zentrale Entwicklungen

am Bildschirm zu erkennen und "per Knopfdruck" vertiefende Detailinformationen zu erhalten.

(4) Die Führungskraft *mit* substantiellen PC-Kenntnissen ist über den Fall (3) hinaus in der Lage, Modelle selbst zu erstellen und sich Gedanken über mögliche PC-Lösungen zu machen. Gerade im Bereich eines strategischen Personalcontrollings können diese Führungskräfte sukzessive mit wachsender Problemerkenntnis eine breitere EDV-Basis entwickeln.

Alle vier Benutzerkreise können allerdings auch spezifischen *Gefahren* ausgesetzt sein:

(1) Der Sachbearbeiter, der allenfalls über rudimentäre Grundkenntnisse im Bereich des Personal Computings verfügt, wird leicht in einen rein mechanistischen Arbeitsprozeß verstrickt. Ohne im einzelnen zu wissen, was hinter diversen Kommandofolgen oder Menü-Punkten steckt, können sich Frustrationserlebnisse einstellen. Dieser Mitarbeiter wird bereits bei der geringsten Abweichung "vom Normalfall" ohne Chance auf eine selbständige Lösung des Problems nach einem EDV-Experten rufen.

(2) Der Sachbearbeiter, der als EDV-Profi auf seinem Personal Computer arbeitet, wird womöglich seine Zeit überwiegend mit dem Erstellen von letztlich unnötigen Modellen und Analysen verbringen. Hier kann der Personal Computer durchaus eine bedrohliche Eigendynamik entwickeln, die beim "Spieltrieb" beginnt und bis zum "Modellfetischismus" reichen kann.

(3) Die Führungskraft, die lediglich über Grundkenntnisse im Personal Computing verfügt, steht vor dem Problem, bei einer Abweichung vom vorgegebenen Analyseschema sofort auf Hilfe von Mitarbeitern angewiesen zu sein. Gerade diese Abhängigkeiten stellen - bei aller scheinbaren Bequemlichkeit einer solchen Lösung - eine ernste Gefahr dar.

(4) Die Führungskraft mit substantiellen PC-Kenntnissen steht unter Umständen ebenfalls vor dem Problem, möglicherweise dem "Spieltrieb" am Personal Computer zu erliegen. Hier dürften allerdings die Zeitrestriktionen von Vorgesetzten im Regelfall einen Riegel vorschieben.

Trotz dieser potentiellen Risiken bleibt festzuhalten, daß alle vier Ausprägungen des PC-Einsatzes in der Personalabteilung grundsätzlich günstiger sind als der krasse Verzicht auf einen direkten Umgang mit dem Personal Computer. Hinzu kommt die wichtige Möglichkeit der Kombination verschiedener Benutzertypen: So können Sachbearbeiter ohne weitgehende PC-Kenntnisse ihre Routinetätigkeiten auf dem Personal Computer abwickeln, gegebenenfalls fallweise unterstützt durch Sachbearbeiter mit höheren PC-Kenntnissen, die auch die weitere Entwicklung von Analysen übernehmen. Dieser "EDV-Profi" kann auch den Vorgesetzten unterstützen, sofern dieser nicht ebenfalls über weitreichende PC-Kenntnisse verfügt.

2.3 Chancen

Alle Managementfelder im Personalbereich[*] sind grundsätzlich potentielle Ansatzpunkte für eine PC-Unterstützung, jeweils mit spezifischen Chancen und Möglichkeiten:

(1) Die **Personalbestandsanalyse** schafft die informatorische Basis für die Personalplanung. Ihr Ziel ist die quantitative und qualitative Erfassung des bestehenden Mitarbeiterpotentials und das Hochrechnen des zukünftigen Mitarbeiterbestandes anhand bereits absehbarer Veränderungen.

(2) Hierarchisch gleichrangig zur Bestandsanalyse steht die **Personalbedarfsbestimmung** als Ermittlung des jeweils erforderlichen Soll-Personalbestandes. Dabei wird differenziert nach unterschiedlichen Perioden des Planungszeitraums, nach Qualifikationsgruppen oder nach Arbeitsplätzen.

(3) Übersteigt der Bedarf (quantitativ) den Bestand und soll die Differenz über eine Bestandsänderung ausgeglichen werden, kommt es zur **Personalbeschaffung**. Ihr Ziel ist die Anpassung des Personalbestandes an den aktuellen Personalbedarf durch externe Neueinstellungen oder interne Rekrutierung.

---

[*] Vgl. Scholz, Chr.: Personalmanagement - Informationsorientierte und verhaltenstheoretische Grundlagen, München (Vahlens Handbücher der Wirtschafts- und Sozialwissenschaften) 1989, S. 8-12.

(4) Weicht der Bedarf in qualitativer Hinsicht vom Bestand ab, so wird je nach Sachlage entweder über eine Verbindung aus Freisetzung und Beschaffung oder aber (im Normalfall) über eine **Personalentwicklung** eine Anpassung der Qualifikation der Mitarbeiter realisiert.

(5) Liegt der Bedarf in qualitativer oder in quantitativer Hinsicht unter dem Bestand, so gibt es überqualifizierte beziehungsweise zu viele Mitarbeiter im Betrieb. Speziell im letzten Fall kann es zur **Personalfreisetzung** kommen. Sie kann (muß aber nicht) in Form von Entlassungen realisiert werden.

(6) Die Zusammenfassung und integrative Abstimmung der Personalbeschaffungs-, Personalentwicklungs- und Personalfreisetzungsplanung erfolgt im **Personalveränderungsmanagement**. Dort stehen Koordinieren und Setzen von Prioritäten im Vordergrund.

(7) Das **Personaleinsatzmanagement** befaßt sich mit der optimalen Gestaltung von Arbeitsplatz, Arbeitszeit sowie Arbeitsablauf und ordnet vorhandene Mitarbeiter und gegebene Stellen einander zu. Berücksichtigt werden dabei Qualifikationen und Fähigkeiten der Mitarbeiter sowie die Anforderungen der zu besetzenden Stelle.

(8) Während sich das Personaleinsatzmanagement auf das formalisierte Zusammenspiel von Stellenanforderung und Mitarbeiterfähigkeit konzentriert, geht die **Personalführung** vorrangig von Mitarbeitern aus, denen bereits Stellen zugeordnet sind. Die Personalführung konkretisiert aus diesem Grund das Verhältnis zwischen Vorgesetzten und Untergebenen in Richtung auf eine Integration von Unternehmenszielen und individuellen Zielen.

(9) Das **Personalkostenmanagement** verbindet das Personalmanagement mit den übrigen Teilen der Unternehmensplanung, vor allem der Finanz- und Budgetplanung. Im Personalkostenmanagement schlagen sich drei Gruppen von originären Kostenverursachungsfaktoren nieder: der Personalbestand, die geplanten/durchgeführten Veränderungsmaßnahmen sowie die Personalplanung selber, die ebenfalls Kosten verursacht.

(10) Das **Personalinformationsmanagement** befaßt sich mit der computergestützten Verarbeitung von Informationen über den "Potentialfaktor Personal" und die daran ansetzenden Maßnahmen. Dazu gehört nicht nur die Verarbeitung konkreter Daten der Mitar-

beiter (Fähigkeitsprofil) und Stellen (Anforderungsprofil), sondern auch die Entwicklung einer auf Langfristigkeit und Tragfähigkeit angelegten Grundstrategie für den Umgang mit Personaldaten im weitesten Sinne.

Diese Charakterisierung steckt zugleich den Rahmen einer umfassenden EDV-Konzeption im Personalbereich ab. Zwischen den Personalmanagementfeldern bestehen eine Vielzahl sachlogischer Verbindungen. Selbstverständlich ist das Personalmanagement aber auch mit anderen betrieblichen Planungsfunktionen informatorisch gekoppelt, beispielsweise der Produktions- und Absatzplanung.

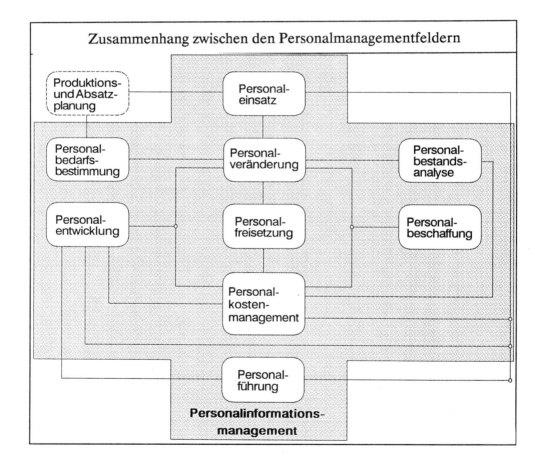

Zukünftige Chancen des PC-gestützten Personalmanagements liegen damit neben der oben angesprochenen Übernahme von bisher angefallenen (Routine-)Tätigkeiten auf Personal Computern gerade auch in der

Bearbeitung *völlig neuer* Aufgaben: So lassen sich beispielsweise mit Simulationsstudien die unterschiedlichen Auswirkungen alternativer Änderungen der Personalpolitik im Modell "austesten".

2.4 Daten

Eine weitere wichtige Möglichkeit, um einen Ansatzpunkt für die PC-Unterstützung im Personalbereich zu erhalten, bieten die vorhandenen Daten. Eine solche datenorientierte Sichtweise orientiert sich zum einen an den oben skizzierten Planungsfeldern beziehungsweise konkreter an den dort benötigten Daten. Zum anderen bieten die verschiedenen Managementebenen, also die operative, taktische und strategische Ebene, ein zusätzliches Differenzierungsmerkmal.

Dabei ist auf der operativen Ebene von der Fokussierung auf einen einzelnen Mitarbeiter beziehungsweise einen einzelnen Arbeitsplatz auszugehen. Diese mitarbeiter- beziehungsweise arbeitsplatzspezifische Vorgehensweise führt dann unter anderem zur Erstellung von Fähigkeits- und Anforderungsprofilen, zum Verarbeiten von Bewerber- und Arbeitsplatzdaten sowie letztlich zu Lohn- und Gehaltsabweichungen.

Datenbasis für ein PC-gestütztes Personalmanagement			
	operativ	taktisch	strategisch
Bestand	Fähigkeitsprofil	Qualifikationsmuster	Humanvermögensrechnung
Bedarf	Anforderungsprofil	Bedarfskennzahlen	Soll-Konfiguration
Veränderung	Bewerberdaten	Berufsklassifikation	Arbeitsmarktdaten
Einsatz	Arbeitsplatzdaten	Einsatzmuster	Verbindung zu CIM-Systemen
Kosten	Lohn- und Gehaltsabrechnung	Kalkulationsdaten	Kostenstrukturen

Im Gegensatz dazu orientiert sich das strategische Personalmanagement an global-aggregierten Größen, befaßt sich also beispielsweise mit einer unternehmensweiten Humanvermögensrechnung, mit Arbeitsmarktdaten sowie mit Kostenstrukturen.

2.5 Konsequenz

Die Ausführungen im zweiten Kapitel sollten verdeutlichen, daß es ein einheitliches Planungskonzept zur EDV-unterstützten Personalarbeit nicht geben kann.

Unstrittig ist, daß der Einsatz von Personal Computern Anwendungsmöglichkeiten und Potentiale eröffnet, die sowohl ein Personalmanagement ohne jede EDV-Unterstützung als auch ein Personalmanagement auf der Basis einer Großrechnerlösung übertreffen. Dabei ist eine Anbindung des Personal Computers an den Großrechner zwecks Datenübernahme und Verlagerung rechenintensiver Bearbeitungsvorgänge keinesfalls ausge-

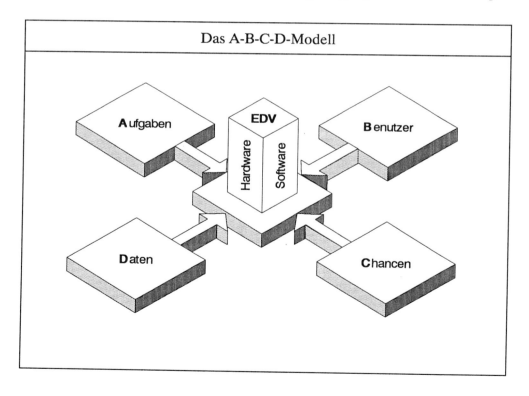

schlossen: Diese Lösung ist im Gegenteil besonders vielversprechend, weil sie die Vorteile des Großrechnereinsatzes mit denen des Personal Computings verbindet, ohne Nachteile in Kauf nehmen zu müssen.

Bei der Erarbeitung einer Einführungsstrategie zum Einsatz des Personal Computers in der Personalabteilung ist eine allgemeingültige Vorgehensweise nicht denkbar. Hier ist eine Differenzierung notwendig, die von den mit dem Personal Computer zu lösenden Aufgaben, dem Kenntnisstand der Benutzer, den Chancen eines PC-Einsatzes im Hinblick auf zukünftige Perspektiven sowie von den vorliegenden Daten abhängig ist.

Üblicherweise wird keiner dieser Gesichtspunkte allein im Mittelpunkt der Betrachtung stehen. Realistisch ist vielmehr eine Kombination dieser vier Ziele als Ausgangspunkt. Von besonderer Bedeutung sind in diesem Zusammenhang aber immer die Chancen, weil sie die Notwendigkeit verdeutlichen, eine Konzeption zum PC-Einsatz im Personalbereich nicht nur auf den momentanen Ausbau- und Wissensstand auszurichten, sondern im Hinblick auf zukünftige Potentiale zu entwickeln.

3 Hardware

Beim Großrechner befindet sich nur ein kleiner Teil der EDV-Technologie im unmittelbaren Wirkungsbereich des Benutzers: Zentrale Komponenten, wie Speichereinheiten und Prozessoren, werden von Systemoperateuren außerhalb der Personalabteilung betreut und überwacht. Im Gegensatz dazu gehört beim Personal Computer meist die gesamte Hardware zum Kontrollbereich des Benutzers. Dies betrifft sowohl die Eingabeseite wie Verarbeitung und Speicherung als auch die Ausgabe.

Aufgrund der angebotenen Software und der zu lösenden Aufgaben im Personalbereich gilt als Mindestanforderung:
o 80286er Prozessor,
o Hauptspeicher mit 640 KB Kapazität sowie
o Festplatte mit 30 MB Kapazität und 40 ms Zugriffszeit.

Kern eines PC-Systems sowie eines Großrechners ist die *Zentraleinheit*. Hinzu kommt meist mindestens ein *Diskettenlaufwerk* sowie eine *Festplatte* als Massenspeicher. Bei den Bildschirmen gibt es verschiedene Systeme, auf die - ebenso wie auf technische Details der Zentraleinheit - nachfolgend näher eingegangen wird.

Die Zentraleinheit macht als Mikroprozessor den eigentlichen Unterschied zwischen verschiedenen Personal Computern aus. Für die Leistungsfähigkeit von Mikroprozessoren (Central Processing Unit: CPU) sind vor allem zwei Faktoren ausschlaggebend:

o Der *Datenbus* dient dazu, Informationen aus dem Arbeitsspeicher in den Prozessor zu laden. So hat beispielsweise der Prozessor 8086 einen 16-Bit-Datenbus und braucht daher nur einen einzigen Schritt, um eine Informationseinheit aus zwei Byte (also 16 Bit) vom Arbeitsspeicher in den Prozessor zu laden. Der 8088 als ein (verbilligter) Nachfolger braucht dagegen zwei Schritte, mit seinem 8-Bit-Datenbus ist er somit nur halb so schnell. Der 80386 schließlich hat einen 32-Bit-Datenbus, woraus natürlich eine entsprechend höhere Arbeitsgeschwindigkeit resultiert.

o Der zweite Einflußfaktor auf die Geschwindigkeit des Mikroprozessors ist seine *Taktrate*. Ältere Systeme hatten Taktraten von 4.77 Megaherz (MHz), der 80386 erlaubt Taktraten bis zu 25 MHz. Die tatsächliche

Taktrate ergibt sich durch ein Zusammenspiel des Taktgenerators (Quarz) und der CPU.

Als *Massenspeicher* dienen im Personal Computing im wesentlichen Disketten und Festplatten:

Während ältere PC-Systeme üblicherweise *Disketten* im Format 5 1/4" verwenden, umfaßt die Laufwerksgröße bei neueren Modellen 3 1/2", woraus eine entsprechende Diskettengröße resultiert. Trotz des kleineren Formats erlauben die 3 1/2"-Disketten das Speichern größerer Datenmengen. Zudem sind sie durch ihren stabileren Aufbau sehr viel besser gegen Beschädigungen von außen geschützt.

Disketten sind über Spuren organisiert. Während bei Schallplatten eine Spur konzentrisch verläuft, verfügen Disketten über 40 beziehungsweise 80 parallel verlaufende Spuren. Zudem sind Disketten in neun einzelne Sektoren ("Kuchenstücke") aufgeteilt. Um die Daten und Dateien auf einer Diskette lesen zu können, braucht der Computer einen Hinweis auf den ersten Sektor. Zu diesem Zweck sind Disketten mit einem Indexloch versehen, mit dessen Hilfe die aktuelle Position und der erste Sektor der Diskette bestimmt werden können. Die Speicherkapazität dieser Speichermedien hat in jüngerer Vergangenheit stark zugenommen: Während früher die Speicherobergrenze für Disketten bei 180 KByte lag, beträgt heutzutage die übliche Aufnahmekapazität 1,44 MByte.

Von der Logik und Adressierbarkeit entsprechen die *Festplatten* den Disketten. Im Gegensatz zu Disketten, die sich mit 300 Umdrehungen pro Minute nur dann drehen, wenn sie tatsächlich angesprochen werden, laufen Festplatten - im Regelfall fest im Computer eingebaut - während der gesamten Betriebszeit mit 3.600 Umdrehungen pro Minute. Der Schreib-/Lesekopf legt damit fast 200 km pro Stunde zurück und bewegt sich 0.005 mm oberhalb der Festplattenoberfläche.

Festplatten bestehen aus mehreren übereinander liegenden Platten. Die Zahl dieser Platten bestimmt die Anzahl der erforderlichen Schreib-/Leseköpfe und gibt gemeinsam mit der Anzahl der Spuren pro Ebene die Kapazität der (Gesamt-)Festplatte an. Da also bei der Festplatte mehrere Spuren übereinander angesiedelt sind, wird statt von "Spur" auch von "Zylinder" gesprochen. Festplatten sind im Betriebszustand äußerst störgefährdet: Wegen des geringen Abstandes des Schreib-/Lesekopfes zur Platte

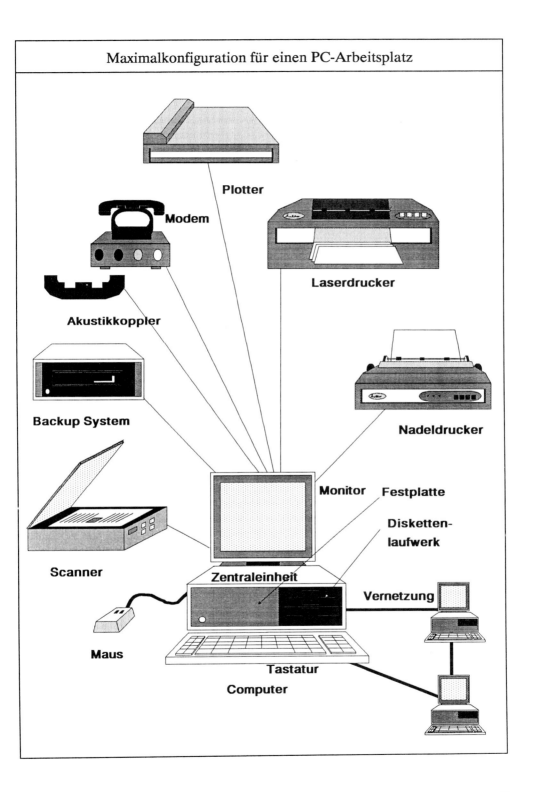

können Erschütterungen zu einer Kollision des Kopfes mit der Platte führen ("head crash").

Neben diesen beiden sehr verbreiteten Massenspeichern ist zukünftig der verstärkte Einsatz neuerer Entwicklungen zu erwarten:

o *Optische Speichermedien* arbeiten mit einem Laserstrahl, der auf die entsprechenden Datenträger zugreift; als Datenträger agieren hier Compact Discs, wie sie aus dem HiFi-Bereich bekannt sind.

o *Chip-Disketten* beinhalten RAM-Bausteine mit einer fest installierten Batterie; mit zunehmendem Speichervolumen der Chips wird diese Speicherform an Bedeutung gewinnen.

o *Streamer* (Bandlaufwerke) arbeiten ähnlich wie Kassetten-Rekorder; sie sind sowohl in den Personal Computer einbaubar als auch als externes Laufwerk verwendbar; die Speicherkapazität einer dieser speziellen Kassetten beträgt 80 Mega Byte und mehr.

Hinsichtlich der *Bildschirme* sind im wesentlichen Monochrom- und Farbmonitore zu unterscheiden:

Bei Monochrom-Bildschirmen fährt ein Elektronenstrahl zeilenweise Bildschirmbereiche von links nach rechts ab, setzt nach Erreichen des rechten Randes kurz aus ("Austastlücke") und beginnt - nach Erreichen der neuen Zeile und der Position links außen - erneut.

Im Gegensatz dazu arbeiten Farbmonitore mit drei Elektronenstrahlen, entsprechend den Grundfarben Rot, Gelb und Blau. Diese Monitore erlauben somit (im einfachsten Fall) die Darstellung von acht möglichen Zuständen, die sich aus der Kombination von 2x2x2 alternativen Ausprägungen der Grundfarben ergeben. Bei Verwendung zweier Intensitätsausprägungen ergeben sich insgesamt 16 Farben.

Eine weitaus größere Ausprägungsmöglichkeit im Hinblick auf Farben und Auflösungen bieten Analog-Monitore: Sie erlauben für jede der drei Grundfarben 64 verschiedene Abstufungen, also insgesamt 64x64x64 = 262.144 Farbtöne.

Monitortypen				
Bezeichnung	Auflösung	Lochmasken-abstand	Bildwiederhol-frequenz	Zeilenfrequenz
TTL-Monochrom	720 x 348	0,39 mm	50 Hz	18.432 KHz
RGB-TTL	640 x 200	0,43 mm	60 Hz	15.750 KHz
EGA	650 x 350	0,36 mm	60 Hz	22.000 KHz
Multiscan	1024 x 768	0,28 mm	70 Hz	31.500 KHz
VGA	640 x 480	0,31 mm	60 Hz	31.500 KHz

Neben der Tastatur dient die *Maus* als Eingabegerät: Lange Zeit als "Kinderspielzeug" abqualifiziert, hat sie sich mittlerweile als effizientes Instrument zur Bedienung von Computerprogrammen etabliert.

Hilfreich sind auch *Scanner*: Mit ihrer Hilfe lassen sich Texte sowie Grafiken von der Papiervorlage quasi "abfotografieren" und mit Textverarbeitung, Grafik- und sogar mit Tabellenkalkulationsprogrammen bearbeiten.

Auf der Ausgabeseite stehen neben *Nadeldruckern* (Matrixdrucker) zunehmend auch *Laserdrucker*, deren Verbreitung aufgrund ihres stark verbesserten Preis-/Leistungs-Verhältnisses kontinuierlich wächst. Für spezifische Anwendungen eignen sich *Plotter*: Farbige Grafiken, eine Hauptdomäne dieser Geräte, lassen sich aber mittlerweile auch schon auf speziellen Laserdruckern realisieren. *Tintenstrahldrucker* konnten sich bisher nicht in großem Umfang durchsetzen.

Hinzuweisen ist ferner auf die Möglichkeit zur *Kommunikation*: Hierbei wird der Personal Computer nicht nur als stand-alone-Gerät verwendet, sondern über Modem, Akustikkoppler oder Direktvernetzung mit anderen Rechnern verbunden. Für den Personalbereich von besonderem Interesse sind - wie bereits angesprochen - auch Anschlüsse an den Großrechner.

Essentieller Bestandteil eines jeden PC-Arbeitsplatzes ist schließlich ein System zur *Datensicherung*, denn Festplatten und Disketten tragen gemeinsam das Risiko von Beschädigung: Bei Festplatten ist dies das Aufsetzen des Schreib-/Lesekopfes auf die Platte ("head crash"), bei Disketten besteht zusätzlich die Gefahr mechanischer (Teil-)Zerstörung. Während bei

Disketten eine Verteilung des Datenbestandes auf mehrere Disketten das Risiko eingrenzt, stellt die Sicherung der Festplatte ein schwieriger zu lösendes Problem dar: So kann im Ernstfall ein einziger fatal positionierter head crash zur Zerstörung der ganzen Festplatte führen. Zudem enthält eine Festplatte derartig viele Daten, daß selbst bei Verwendung von Disketten mit hoher Speicherkapazität für eine 64-MByte-Festplatte fast 50 Disketten erforderlich wären. Aus diesem Grund bieten sich zur Datensicherung zunehmend Bandlaufwerke (*Streamer*) an. Eine weitere Möglichkeit zur Datensicherung besteht im Einsatz von herausnehmbaren Festplatten-Laufwerken beziehungsweise auswechselbaren Festplatten.

Verbreitete PC-Modelle (286 und aufwärts)								
	Pro-zessor	RAM	Takt-rate	Laufwerk		Festplatte		Preis*
	Intel	(KB)	(MHz)	Kap. (KB)	Format (Zoll)	Kap. (MB)	Zeit (ms)	DM
Commodore PC 40-III	80286	1024	12	1,2	5 1/4	40	29	4.800,-
Compaq Deskpro 286e	80286	1024	12	1,2	5 1/4	40	29	10.987,-
Amstrad PC 3286/40	80286	1024	16	1,44	3 1/2	40	28	3.699,-
HP-Vectra ES/12	80286	1024	12	1,2	5 1/4	40	28	10.600,-
Epson PC AX	80286	640	12	1,2	5 1/4	80	23	10.100,-
Schneider VGA AT	80286	1024	12,5	1,44	3 1/2	40	23	5.400,-
IBM Modell PS/2 55 SX	80386SX	2048	16	1,44	3 1/2	30	285	9.800,-
Olivetti M380/XP9	80386	4096	33	1,2	5 1/4	300	15	38.400,-
IBM Modell PS/270A-21	80386	4096	25	1,44	3 1/2	120	230	25.100,-
Nixdorf 8810/90	80486	4096	25	1,44	3 1/2	320	20	39.400,-

* Die angegebenen Preise sind Listenpreise gemäß Herstellerangaben. Im Handel werden die aufgeführten Produkte teilweise erheblich günstiger angeboten!

Checkliste: Hardware (Zentraleinheit + Monitor)

Produktname				
Rechnerkategorie				
	☐ XT	☐ AT	☐ 386er	☐ 486er	☐ ...
Prozessor				
Typ	☐ 8086/88	☐ 80286	☐ 80386 SX	☐ 80386	☐ 80486
Taktrate	☐ > 8 MHz	☐ > 10 MHz	☐ > 16 MHz	☐ > 25 MHz	
Coprozessor				
	☐ Ja		☐ Nein		
Arbeitsspeicher				
Größe	☐ 512 KB	☐ 640 KB	☐ > 1 MB	☐ > 2 MB	
max. Ausbaustufe	☐ 640 KB	☐ > 1 MB	☐ > 4 MB	☐ > 8 MB	
Schnittstellen				
	☐ seriell	☐ parallel	☐ Mausport		
Diskette				
Format	☐ 5 1/4"		☐ 3 1/2"		
Kapazität	☐ 360 KB	☐ 720 KB	☐ 1,2 MB	☐ 1,44 MB	
Festplatte				
Kapazität	☐ > 20 MB	☐ > 80 MB	☐ > 150 MB	☐ > 300 MB	
Zugriffszeit	☐ < 65 ms	☐ < 40 ms	☐ < 20 ms	☐ < 14 ms	
Datentransferrate				
	☐ > 300 KB/s	☐ > 500 KB/s	☐ > 1 MB/s	☐ > 1,5 MB/s	
Grafikstandard				
	☐ CGA	☐ Hercules	☐ EGA	☐ VGA	
Monitor				
Typ	☐ monochron	☐ farbig	☐ VGA	☐ Multiscan	
Diagonale	☐ 12"	☐ 14"	☐ 16"	☐ 19"	
Anzahl freier Steckplätze				
	☐ 8 Bit :	☐ 16 Bit :	☐ 32 Bit:		
Zusatzausstattung				
Peripherie	☐ Drucker	☐ Maus	☐ ...	☐ ...	
Dokumentation	☐ deutsch		☐ englisch		
Software	☐				
Lieferkonditionen				
Garantiezeit	☐ 6 Monate	☐ 12 Monate	☐ 24 Monate		
Reparaturservice					
Prüfsiegel				
	☐ FTZ	☐ TÜV	☐ GS	☐ ...	
Preis				

4 Betriebssoftware

Die Aufgabe der Betriebssoftware besteht in der Verbindung zwischen Hardware und Benutzersoftware. Es werden die Anwenderprogramme in die Lage versetzt, mit unterschiedlichen Hardware-Konfigurationen "zusammenzuarbeiten". Neben dem (reinen) *Betriebssystem* als technologische Grundfunktion bieten sich verschiedene *Benutzeroberflächen* zur Vereinfachung des Dialogs an.

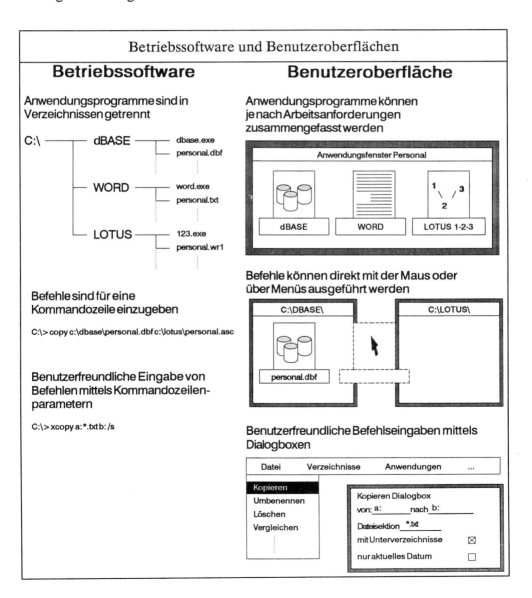

4.1 Betriebssysteme

Betriebssysteme bestehen aus mehreren Einzelprogrammen, die den Ablauf der Anwendungsprogramme in der Zentraleinheit sowie ihren Zugang zu peripheren Geräten steuern. Hinzu kommen Verwaltungsprogramme, die beispielsweise Dateien erstellen. Analog zu Großrechnern verwaltet auch das PC-Betriebssystem Speicherplätze, vollzieht also das Ein- und Ausladen von Programmsegmenten in den Arbeitsspeicher.

In den Anfängen des Personal Computings dominierte das Betriebssystem CP/M (Control Program for Microcomputers), weil es auf allen 8-Bit-Prozessoren lauffähig ist. Heute bedienen sich nur noch kleinere Homecomputer dieses Betriebssystems. Fortgeschrittenere 16-Bit-Rechner auf Basis der INTEL-Prozessoren verwenden dagegen hauptsächlich MS-DOS (Microsoft-Disc-Operating-System) verwenden. Dieses System konnte sich auch deshalb zu einem Standard entwickeln, weil **IBM** mit PC-DOS ein nahezu identisches System anbietet. MS-DOS ist auf Single-User- und Single-Tasking-Betrieb beschränkt: Es kann jeweils nur ein einziger Benutzer mit einem einzigen Programm zugleich auf dem Rechner arbeiten. Ausnahmen bilden Druckroutinen, die im Hintergrund operieren.

Der große Nachteil des Single-Tasking bei MS-DOS sowie die Begrenzung der maximal verarbeitbaren Programmgröße entfällt beim ebenfalls von **Microsoft** angebotenen Betriebssystem OS/2 (Operating System/2). Auch OS/2 ist in einer **IBM**-spezifischen Form auf dem Markt. Bei OS/2 können mehrere Prozesse gleichzeitig im Rechner ablaufen, entsprechende Software-Produkte vorausgesetzt. OS/2 ist aber wie MS-DOS immer noch ausschließlich ein Single-User-System.

Aufgrund des aktuellen Software-Angebots gilt:

> Für Anwendungen im Personalbereich bietet sich zur Zeit vor allem das Betriebssystem MS-DOS an.

Eine Ablösung von MS-DOS durch OS/2 ist in den nächsten Jahren zwar denkbar, jedoch stellt OS/2 höhere Anforderungen an die Hardware: Die Personal Computer benötigen mindestens einen Intel 80286 Prozessor, eine 20 MB-Festplatte sowie 1,5 MB RAM. OS/2 bietet zwar erweiterte Möglichkeiten, aber oft wird die Entscheidung nach Abwägen der Bedürfnisse und des zusätzlichen Nutzens *gegen* eine derartige "Aufrüstung" ausfallen. Für die Umstellung eines AT-Arbeitsplatzes auf OS/2 ist mit Kosten von 3.000,- bis 5.000,- DM zu rechnen. Dieser hohe Aufwand ist wohl das größte Hindernis bei der Verbreitung von OS/2. MS-DOS Programme bleiben - von exotischen Ausnahmen abgesehen - auch unter OS/2 lauffähig: Hierfür bietet OS/2 mit der DOS-Box einen Spezialmodus.

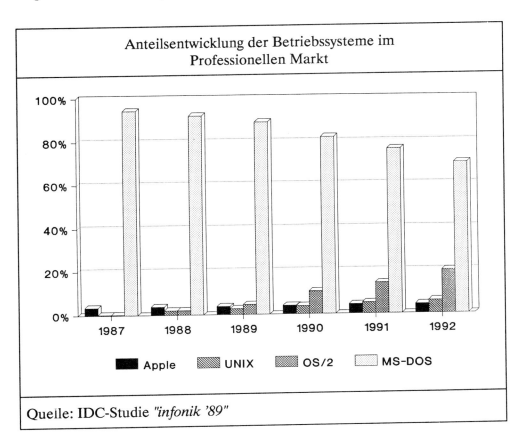

Quelle: IDC-Studie *"infonik '89"*

Das seit langem auf dem Markt befindliche Betriebssystem UNIX (Unification System) ist als echtes Multi-Tasking- und Multi-User-System angelegt, kann demnach mehrere Benutzer gleichzeitig "bedienen". Es erkauft diese Eigenschaft aber durch diverse Nachteile, beispielsweise ein erheblich geringeres Software-Angebot.

Checkliste: Betriebssysteme

Produktname				
Version	▓ deutsch		▓ englisch	
Hardwarevoraussetzungen				
Kategorie	▓ XT	▓ AT	▓ 386er	▓ 486er
Arbeitsspeicher				KB
Festplatte	▓ Ja: _____ MB verfügbar		▓ Nein	
Grafikstandard	▓ CGA	▓ Hercules	▓ EGA	▓ VGA
Maus empfohlen	▓ Ja		▓ Nein	
SAA-Konzept				
	▓ Ja		▓ Nein	
Service				
Installation	▓ Ja		▓ Nein	
Dokumentation	▓ deutsch		▓ englisch	
Hotline	▓ Ja		▓ Nein	
Schulung	▓ Ja		▓ Nein	
Einarbeitungsaufwand				
	▓ niedrig		▓ mittel	▓ hoch
Hilfefunktionen				
	▓ ohne	▓ Tutorial	▓ online	▓ situativ ▓ Querverweise
Datenschutzfunktionen				
	▓ Ja		▓ Nein	
Datensicherungsfunktionen				
	▓ Ja		▓ Nein	
Integrierte Benutzeroberfläche				
	▓ Ja		▓ Nein	
Maximal verwaltbarer Arbeitsspeicher				
				▓ KB
Netzwerk-Verwaltungsfunktionen				
	▓ Ja		▓ Nein	
Softwareangebot				
	▓ klein		▓ mittel	▓ groß
Preis				

Betriebssysteme				
Name	Vertrieb	aktuelle Version	Systeman-forderungen	Preis inkl. Mwst.
DOS	IBM/Microsoft	4.1	minimal 255 KB RAM	365,- DM*

Kurzbeschreibung:
DOS in der Version 4.0 unterstützt den EMS-Standard und Festplattenkapazitäten mit mehr als 32 MByte. Ebenfalls ist im Lieferumfang eine grafische Benutzeroberfläche enthalten, in der jedoch die Maus noch nicht zufriedenstellend integriert ist. Nachteilig wirken sich ebenfalls der gegenüber früheren DOS-Versionen hohe Speicherplatzbedarf und die weiter bestehende 640-KByte-Schranke aus.

Name	Vertrieb	aktuelle Version	Systeman-forderungen	Preis inkl. Mwst.
OS/2	IBM/Microsoft	1.2	PC AT, 2 MB RAM	770,- DM* IBM: 822,- DM*

Kurzbeschreibung:
OS/2 wird mit der grafischen Benutzeroberfläche des Präsentation-Managers ausgeliefert. In der Version 1.2 wurde ein neues Datei-System eingeführt, welches im Vergleich zu dem traditionellen aus der DOS-Ära deutlich schneller ist. Zusammen mit OS/2 wird der LAN-Manager entwickelt, wodurch sich dieses Betriebssystem besonders für Netzwerke eignen wird. Ein Nachteil ist immer noch die geringe Zahl von Anwendungen.

Name	Vertrieb	aktuelle Version	Systeman-forderungen	Preis inkl. Mwst.
SCO Unix	SCO	3.2.0	386er PC, 8 MB RAM	2.215,-DM*

Kurzbeschreibung:
UNIX ist ein Multi Tasking und Multi User Betriebssystem aus den 60er Jahren, welches ursprünglich für Computer der mittleren Datentechnik entwickelt wurde. Durch den ständigen Leistungsanstieg bei der PC-Entwicklung läßt sich UNIX inzwischen auch auf Rechnern mit 386er oder 486er Prozessoren sinnvoll einsetzen. Zur Verbesserung der Anwenderfreundlichkeit wurden auch für UNIX grafische Benutzeroberflächen entwickelt, beispielsweise OSF/Motif.

* Die angegebenen Preise sind Listenpreise gemäß Herstellerangaben. Im Handel werden die aufgeführten Produkte teilweise erheblich günstiger angeboten!

4.2 Benutzeroberflächen

Der Umgang mit dem Betriebssystem bereitet dem PC-Anfänger aufgrund der komplizierten Syntax oft erhebliche Schwierigkeiten. Aber auch der fortgeschrittene Benutzer verliert bei umfangreichen Dateien und komplexen Zugriffspfaden leicht den Überblick.

Aus diesem Grund wurden zusätzlich zu den Betriebssystemen diverse Benutzeroberflächen geschaffen, die dem Benutzer die direkte Auseinandersetzung mit dem Betriebssystem ersparen sollen. Konkret bedeutet dies:
- Eingabemöglichkeit, ohne wissen zu müssen, an welcher Stelle sich der Benutzer in der Befehlshierarchie befindet,
- Vorstrukturierung (und Automatisierung) der Aufrufe,
- Informationen durch grafische Symbole,
- Verwaltung von Dateien und Programmen,
- Reduktion der Angst vor Bedienungsfehlern.

Eine derartige Benutzeroberfläche eröffnet dem Anwender bereits bei der ersten Systemmeldung eine Bildschirmoberfläche mit selbsterklärenden Programm- und Informationsangeboten. Das explizite Eintippen von Befehlen kann daher weitgehend unterbleiben.

> Wichtig ist eine einheitlich strukturierte und bedienungsfreundliche Benutzeroberfläche, die unterschiedliche Programme beziehungsweise Programmfunktionen integrativ miteinander verbindet.

Die obere Hälfte der nachfolgenden Abbildung ist ein Beispiel für eine *nichtgrafische* Oberfläche, die im Textmodus arbeitet. Sie zeigt, wie sich der Personal Computer nach dem Einschalten "melden" könnte: Zur Auswahl stehen hier im ersten Feld allgemeine Software-Produkte zur Textverarbeitung, Kalkulation und Grafikerstellung. Das zweite Feld beinhaltet einige spezifische Applikationen aus dem Bereich des betrieblichen Personalmanagements, das dritte Feld benutzerspezifische Anwendungen. Alle diese Funktionen sind mit dem Cursor beziehungsweise der Maus ansteuerbar, lassen sich also ohne Eingabe von Kommandos aktivieren.

Nichtgrafische Benutzeroberfläche

```
          PERSONALCOMPUTER IM PERSONALWESEN
                Prof. Dr. Christian Scholz

  Standardprogramme      Spezialprogramme      Benutzeranwendungen

    INTEGRIERT         Bewerberverwaltg.        Software-Inf
  * TEXT               Spesenabrechnung         Personalmodell
    KALKULATION        Vorschlagswesen
    DATENBANK          Terminplanung
    GRAFIK             Budgetkontrolle
    ProjektMGT                                  WORKSLernprogramm
  * Statistik          Kulturanalyse            DOSLernprogramm
     ____norton c      Führungsstil-Test        Vermögensbildung
     ____xtree         Karriereplanung          Symp-BESTAND
     ____norton u     *Unternehmenskultur       Symp-BEDARF
     ____sidekick                               Symp-CONTROLLING


  EXIT

 *=Nicht implementiert                         *Rest-Anwendungen

 Zurück zu DOS                                  5 Nov 1990   5:04p
```

Grafische Benutzeroberfläche

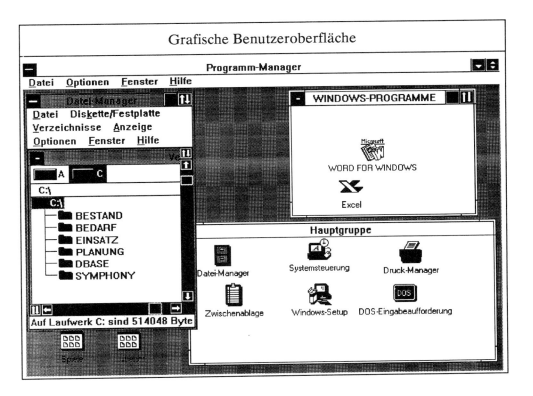

Grafische Benutzeroberflächen kennzeichnen die anwählbaren Routinen zusätzlich durch Symbole: Beispielsweise kann sich hinter einem "Notizzettel" ein Programm zur übergangsweisen Aufnahme von Anmerkungen und Hinweisen "verbergen". Bei dieser grafischen Oberfläche bietet sich wegen der hohen Zahl anwählbarer Objekte eine Steuerung mit der Maus an. Auf diese Weise kann auch der weniger EDV-Kundige komplexere Probleme schrittweise individuell lösen, also Datenbankanalysen durchführen, Alternativen durchrechnen oder Grafiken erstellen.

Die "höchste" Form einer Benutzeroberfläche für die Personalabteilung ist dann erreicht, wenn der Bildschirm entsprechend dem Prinzip des PC-Leitstands gestaltet wird und alle Möglichkeiten des Personal Computers unter Berücksichtigung sämtlicher personalwirtschaftlich relevanter Daten unterstützt.

Eine weitere Entwicklungstendenz sollte nicht unerwähnt bleiben, die sowohl für Benutzeroberflächen als auch für Anwendungssoftware im allgemeinen besondere Bedeutung erlangen wird: Zur Vereinheitlichung der äußerst unterschiedlichen Gestaltung (auch) von Bildschirmoberflächen durch die Softwarehersteller hat **IBM** 1987 das SAA-Konzept angekündigt (Systems Application Architecture). Das Ziel von SAA ist es unter anderem, daß beispielsweise Programmfunktionen, die unabhängig von einer spezifischen Anwendung sind (wie Dateien laden, speichern etc.), nach einem einheitlichen Muster gestaltet werden. Die Einhaltung dieser allgemeingültigen Oberflächengestaltung erleichtert das Einarbeiten in bisher unbekannte Software erheblich.

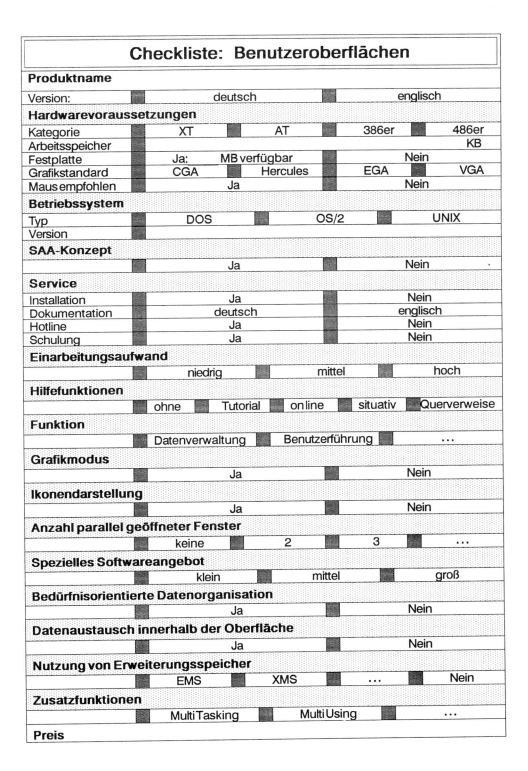

Nichtgrafische Benutzeroberflächen				
Name	Vertrieb	aktuelle Version	Systeman-forderungen	Preis inkl. Mwst.
Norton Commander	Verlag Markt und Technik AG/Haar	3.1	minimal 256 Kb RAM	269,- DM*

Kurzbeschreibung:
Der Norton Commander teilt den Bildschirm in zwei Verzeichnisfenster auf. Die Funktionstasten sind mit den Äquivalenten der wichtigsten MS-DOS-Befehle belegt. Es besteht die Möglichkeit, eigene Menüs zu schreiben, aus denen heraus Anwenderprogramme gestaltet werden können. Weitere Optionen sind eine View-Funktion und ein Editor, um Dateiinhalte anderer Applikationen lesen und ändern zu können.

Name	Vertrieb	aktuelle Version	Systeman-forderungen	Preis inkl. Mwst.
XTREE PRO GOLD	G. Zipfel GmbH/ Gemmering	ohne Versions-nummer	minimal 256 Kb RAM	299,- DM*

Kurzbeschreibung:
Auch wenn XTREE den Start von Programmen aus der Oberfläche heraus erlaubt, ist das Programm eher zur Verwaltung von Verzeichnissen und Dateien einer Festplatte konzipiert. Kopieren, Löschen, Suchen oder Sortieren großer Dateigruppen oder von Verzeichnissen funktionieren mit XTREE schneller und einfacher als mit den MS-DOS-Befehlen.

Name	Vertrieb	aktuelle Version	Systeman-forderungen	Preis inkl. Mwst.
SIDEVIEW	Hofacker GmbH 8150 Holz-kirchen	1.0	minimal 256 Kb RAM	79,-DM*

Kurzbeschreibung:
SIDEVIEW ist ein Menüsystem und ein Bildschirmmaskengenerator zugleich. Hinter den Menüoptionen "verbergen" sich Editierfelder, die BAT-Dateien aufnehmen. Nach Anwahl einer Menüoption wird die BAT-Datei ausgeführt. Der Platzbedarf auf der Festplatte ist mit ca. 60 KByte für das Programm inklusive des ersten Menüs sehr gering.

* Die angegebenen Preise sind Listenpreise gemäß Herstellerangaben. Im Handel werden die aufgeführten Produkte teilweise erheblich günstiger angeboten!

| Grafische Benutzeroberflächen |||||
Name	Vertrieb	aktuelle Version	Systemanforderungen	Preis inkl. Mwst.
GEM	Digital Research München	3.1	minimal 256 Kb RAM	wird nur mit GEM-Applikationen angeboten

Kurzbeschreibung:
GEM ist eine im Vergleich zu Windows schnelle grafische Benutzeroberfläche. Es ist jedoch nur die Eröffnung von zwei nicht überlappenden Datenauswahlfenstern gestattet. GEM erlaubt die Ausführung vieler Betriebssystembefehle, wie Kopieren, Löschen oder Formatieren, ohne die Tastatur zu gebrauchen. Die Zahl der Anwendungen, die unter GEM laufen, ist jedoch begrenzt.

Name	Vertrieb	aktuelle Version	Systemanforderungen	Preis inkl. Mwst.
Windows	Microsoft München	3	minimal 384 Kb RAM	489,- DM[*]

Kurzbeschreibung:
In der Version 3.0 ist das ehemalige MS-DOS-Programmfenster in den Programmanager und den Dateimanager aufgeteilt worden. Der Programmanager ist dabei Icon-orientiert. Die Installation ist stark automatisiert, auf Wunsch wird die Festplatte nach Programmen durchsucht, die automatisch in die Benutzeroberfläche eingebunden werden. MS-Windows konfiguriert sich je nach Rechnertyp unterschiedlich und ist Multi-Tasking-fähig.

[*] Die angegebenen Preise sind Listenpreise gemäß Herstellerangaben. Im Handel werden die aufgeführten Produkte teilweise erheblich günstiger angeboten!

5 Standardsoftware

5.1 Textverarbeitung

Ein erheblicher Teil des Einsatzes von Personal Computern entfällt auf die Textverarbeitung: Manuskripte jeglicher Art werden in zunehmendem Maße nicht mehr mit der Schreibmaschine verfaßt, sondern direkt auf dem Personal Computer erstellt. Die PC-gestützte Textverarbeitung hat wesentlich zur Verbreitung und Akzeptanz des Personal Computings beigetragen. Die leichte Erstellung und Korrigierbarkeit von Texten erhöht die Arbeitseffizienz in diesem Bereich erheblich: Buchstaben, Worte oder ganze Absätze können beliebig kopiert, verschoben oder gelöscht werden; das Layout ist beliebig änderbar, üblicherweise besteht auch eine Wahlmöglichkeit zwischen mehreren Schriftarten.

Funktionen eines Textverarbeitungssystems	
Bearbeitungsfunktion	Löschen oder Ändern von Bereichen
Formatierungsfunktion	Strukturierung von Absätzen (z.B. Blocksatz)
Darstellungsfunktion	Schreibweise von Worten (z.B. fett)
Layout-Funktion	Seitenbeschreibung
Trennungsfunktion	Silbentrennung
Fußnotenfunktion	Verwaltung von Anmerkungen
Indexfunktion	Erstellen von Autoren- und Sachregister

Auch wenn sich Textverarbeitungsprogramme in ihren konkreten Ausgestaltungen vielfach deutlich unterscheiden, weisen sie doch eine Reihe gleichstrukturierter Grundfunktionen auf, wie sie in der Übersicht oben zusammengefaßt sind.

Neben diesen Grundfunktionen von Textverarbeitungsprogrammen gibt es eine Reihe spezieller Erweiterungen, die fortgeschrittene Textverarbeitungssysteme aufweisen:

o *Silbentrennung* liefert einen automatischen Vorschlag für die Trennung von Worten.

o *Rechtschreibung* vergleicht Wörter oder ganze Texte mit einem (erweiterbaren) Wörterbuch.

o *Serienbriefe* verwenden eigene Adreßdatenbanken.

o *Fußnoten* werden in Abhängigkeit von der jeweiligen Textlänge positioniert und numeriert.

o *Stichwortverzeichnisse* werden aus entsprechend markierten Wörtern automatisch zusammengestellt und mit den richtigen Seitenziffern versehen.

o *Tabulatoren* setzen Tabelleneinträge auf fixierte Positionen.

o *Mathematische Formeln* werden im Text berechnet, wodurch ein fließender Übergang zu Tabellenkalkulationsprogrammen entsteht.

o *Grafiken* lassen sich erstellen beziehungsweise einbinden.

Textverarbeitungssysteme arbeiten meist *dateiorientiert*. Nur die Größe des Massenspeichers begrenzt also den Umfang des Textes. Diese Art der Textverwaltung hält nur die gerade bearbeiteten Textteile im Speicher. Sprünge innerhalb des Textes kosten daher Zeit, wenn der bislang bearbeitete Teil des Textes gespeichert und der angeforderte Teil eingelesen werden muß.

Essentielle Bedeutung hat die Harmonisierung von Textverarbeitung und Drucker: Obwohl sich mittlerweile ein Mindeststandard für Grundbefehle wie Fettdruck oder Unterstreichen durchgesetzt hat, stellt die Anpassung von Textverarbeitungsprogrammen an (unterschiedliche) Drucker oft ein erhebliches Problem dar. Viele Textverarbeitungsprogramme verfügen deshalb über spezielle Druckertreiber, die mit oder vor dem Starten des Textverarbeitungsprogramms geladen werden und die Schnittstelle zum Drucker definieren.

Zumindest die Grundfunktionen von Textverarbeitungsprogrammen erschließen sich auch dem EDV-Laien im Regelfall sofort und führen dann auch zu einer Veränderung der (individuellen) Arbeitsorganisation: Kleinere Textänderungen lassen sich schneller selbst durchführen, und selbst komplexe Texte sind in der eigenen Abteilung gestaltbar.

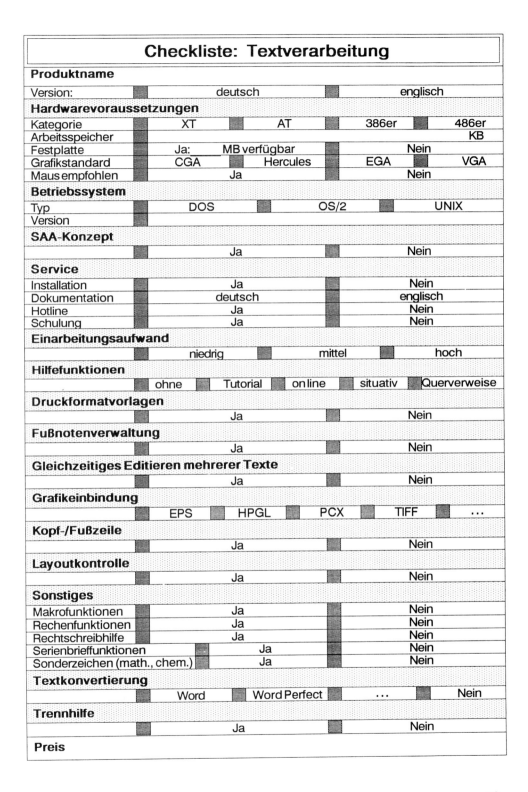

Textverarbeitungsprogramme				
Name	Vertrieb	aktuelle Version	Systeman-forderungen	Preis inkl. Mwst.
WORD	Microsoft	5.0	minimal 384 KByte Arbeitsspeicher	1.699,-DM*

Kurzbeschreibung:
WORD 5.0 ist sowohl unter MS-DOS als auch unter OS/2 lauffähig. Diese weitverbreitete Standardsoftware besitzt umfangreiche Funktionen zur Erstellung und Bearbeitung von Druckformatvorlagen, was die Formatierung vornehmlich komplexer Texte erheblich erleichtert. Der Funktionsumfang umfaßt auch eine Preview-Funktion, die Darstellung einer Textseite auf dem Bildschirm, wie sie vom Drucker ausgegeben würde. Auch ist das Einbinden von Grafiken möglich. Neuerdings ist WORD auch in einer Version für Windows erhältlich.

Name	Vertrieb	aktuelle Version	Systeman-forderungen	Preis inkl. Mwst.
Wordstar professional	Micropro	5.0	minimal 384 KBybte Arbeitsspeicher	1.450,-DM*

Kurzbeschreibung:
Die Vorteile von WordStar liegen in der integrierten Adreßverwaltung, der umfangreichen Review-Funktion und der vorbildlichen Dokumentation. Nachteilig wirkt sich aus, daß Style-Sheets (Druckformatvorlagen) nicht erstellt werden können. Zudem fehlt die Möglichkeit der Grafikeinbindung.

Name	Vertrieb	aktuelle Version	Systeman-forderungen	Preis inkl. Mwst.
Word Perfect	Word Perfect	5.1	minimal 384 KByte Arbeitsspeicher	1.800,-DM*

Kurzbeschreibung:
WordPerfect wurde inzwischen von einer wenig benutzerfreundlichen Oberfläche auf Basis von Funktionstasten und ohne Mausunterstützung auf eine Benutzeroberfläche nach dem SAA-Konzept umgerüstet. WordPerfect bietet die Möglichkeit, Grafiken einzulesen und sie zu bearbeiten. Die Preview-Funktion besitzt verschiedene Zoom-Stufen.

Textverarbeitungsprogramme				
Name	Vertrieb	aktuelle Version	Systemanforderungen	Preis inkl. Mwst.
Star Writer	Star Division	5.0	minimal 512 KByte Arbeitsspeicher	998,- DM[*]
Kurzbeschreibung: Die Benutzerschnittstelle des Star Writer orientiert sich an dem SAA-Konzept, was eine hohe Benutzerfreundlichkeit gewährleistet. Das Programm besitzt sämtliche Standardfunktionen einer anspruchsvollen Textverarbeitung. Die Import-Export-Fähigkeiten sind besonders stark entwickelt: Es können alle gängigen Text-, Grafik- und Datenbankformate eingelesen und bei Textformaten auch geschrieben werden. Nachteilig ist das Fehlen eines Makro-Rekorders.				
[*] Die angegebenen Preise sind Listenpreise gemäß Herstellerangaben. Im Handel werden die aufgeführten Produkte teilweise erheblich günstiger angeboten!				

5.2 Tabellenkalkulation

Als einfach zu handhabendes Hilfsmittel zur Lösung von Fragestellungen, die in Tabellenform vorliegen, bieten sich zunehmend Tabellenkalkulationsprogramme an. Ein solches "spreadsheet-Programm" arbeitet mit einem im Computer gespeicherten Arbeitsbogen. Dieser besteht als "elektronisches Arbeitsblatt" zunächst aus leeren Zellen, die der Benutzer in beliebiger Reihenfolge mit beliebigen Inhalten ausfüllt.

Die *Zeilen* von Tabellenkalkulationsprogrammen sind in der Regel mit Zahlen, die *Spalten* mit Buchstaben oder ebenfalls mit Zahlen gekennzeichnet. Mit diesen "Koordinaten" lassen sich Verknüpfungen zwischen den oft weit über hunderttausend Zellen herstellen.

Gerade im Personalbereich und speziell beim Personalkostenmanagement ergeben sich häufig Fragestellungen, die in tabellarischer Form zu beantworten sind. So folgt bereits die Personalbestandsplanung als Skontrationsrechnung der Tabellenform[*]:

---

[*] Vgl. Scholz, Chr.: Personalmanagement - Informationsorientierte und verhaltenstheoretische Grundlagen, München (Vahlens Handbücher der Wirtschafts- und Sozialwissenschaften) 1989, S. 56-57.

Skontrationsrechnung
Gegenwärtiger Bestand − Abgänge durch Pensionierungen und Todesfälle, Entlassungen und Kündigungen seitens der Arbeitnehmer, Beförderungen und Versetzungen + Zugänge durch bereits feststehende Neueintritte, Übertritte aus Lehr- in Arbeitsverhältnisse, Beförderungen und Versetzungen = **Projektierter** Bestand für den Zeitpunkt t + erforderliche (zu planende) personelle Veränderungen bis zum Zeitpunkt t = **(Soll-)Planbestand** für den Zeitpunkt t − vermutlich nicht realisierbare personelle Veränderungen = **Prognostizierter** Bestand für den Zeitpunkt t

Andere Fragestellungen, die üblicherweise ebenfalls in Tabellenform vorliegen, betreffen unter anderem Personalbudgets, Personalkonfiguration oder Personaleinsatzplanung. Allen diesen Problemen ist die Möglichkeit gemeinsam, sie quasi über ein (gegebenenfalls sehr groß dimensioniertes) Rechenblatt zu lösen. Dabei kommen meist relativ einfache Rechenoperationen vor, dafür aber oft in großer Zahl.

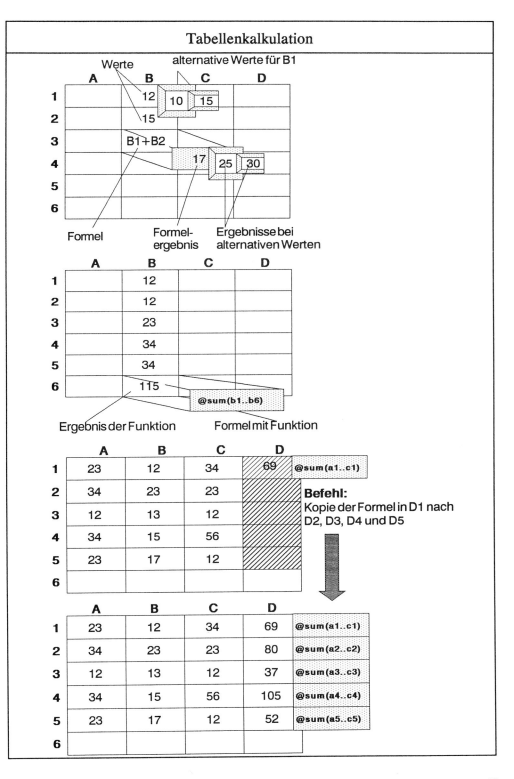

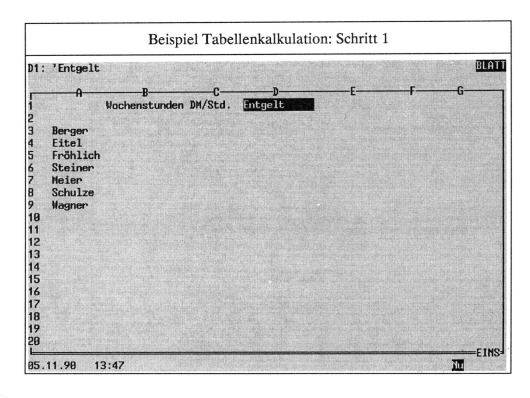

Ein bewußt einfach gehaltenes Beispiel[*] soll die Grundidee der Tabellenkalkulationsprogramme verdeutlichen: Ziel ist die Berechnung eines Wochenlohns aus Multiplikation von Stundenzahl und Stundenlohn. Als Schritt 1 trägt man dazu in die Zellen des Kalkulationsblatts die entsprechenden Spaltenüberschriften, also
- Wochenstunden,
- DM/Std. und
- Entgelt ein.

In Zelle D1 (= Spalte 4, Zeile 1) steht dann als Inhalt das Wort "Entgelt". Es folgen als Einträge in die Zellen D3 bis D9 die Namen der Mitarbeiter, also Berger bis Wagner. In der Sprache der Tabellenkalkulation bezeichnet man diese Einträge alle als *Textkonstanten*.

---

[*] Im Hinblick auf die Durchgängigkeit der Beispiele wird nachfolgend der Tabellenkalkulationsteil des integrierten Programms **Symphony** verwendet.

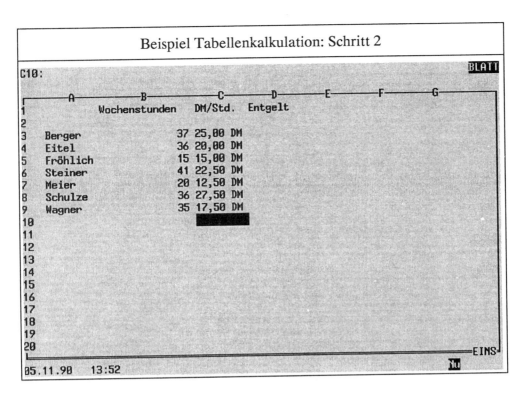

Es folgen als Schritt 2 die *Numerik-Konstanten*, und zwar
- Wochenstunden (Spalte 2, B3 bis B9) und
- Stundenlohn (Spalte 3, C3 bis C9).
In Zelle C3 (Spalte 3, Zeile 3) steht somit der Wert 25 (Konstante).

Die Breite der einzelnen Spalten ist variierbar. Dies ermöglicht beispielsweise die Berücksichtigung längerer Namen, während der Stundenlohn mit einer schmäleren Spalte auskommt.

```
                    Beispiel Tabellenkalkulation: Schritt 3
D3: (W2) +B3*C3                                                     BLATT
       A          B            C         D          E       F       G
  1             Wochenstunden DM/Std.  Entgelt
  2
  3   Berger        37        25,00 DM  925,00 DM
  4   Eitel         36        20,00 DM
  5   Fröhlich      15        15,00 DM
  6   Steiner       41        22,50 DM
  7   Meier         20        12,50 DM
  8   Schulze       36        27,50 DM
  9   Wagner        35        17,50 DM
 10
 11
 12
 13
 14
 15
 16
 17
 18
 19
 20
                                                                  =EINS=
05.11.90   14:04                                                    Nu
```

In Zelle D3 (Spalte 4, Zeile 3) soll als Schritt 3 der Wochenlohn (Multiplikation aus Stundenzahl und Stundenlohn) eingetragen werden. Dazu gibt man die entsprechende Formel ein: +C3 x B3.

Für derartige *Formeleinträge* genügt es, mit dem Cursor die jeweils zu verknüpfenden Zellen der Reihe nach "anzufahren" und entsprechende (mathematische) Verknüpfungsoperationen einzugeben. Vor der Formel muß immer ein mathematisches Zeichen stehen, beispielsweise "+" oder auch "(". Bei der Eingabe eines Buchstabens an der ersten Position interpretiert das Programm diese als Text und nicht als Formel.

Am Bildschirm erkennt man, daß in der Zelle D3 hinter dem ausgewiesenen Wert (925,- DM) eigentlich die Formel steht: Sie wird in der linken oberen Ecke des Bildschirms sichtbar, wenn man den Cursor auf Zelle D3 positioniert. "(W2)" gehört dabei nicht zu der Formel, sondern bedeutet: Das Feld ist als Währung (W) mit der Angabe von zwei Dezimalstellen (2) definiert.

```
                    Beispiel Tabellenkalkulation: Schritt 4

Kopiert einen Zellenbereich                                              MENÜ
Kopie Versetze Radiere Einfügen Löschen Spalte Format Bereich Grafik Daten Param
       A          B             C         D         E        F        G
 1              Wochenstunden  DM/Std.  Entgelt
 2
 3   Berger             37    25,00 DM  925,00 DM
 4   Eitel              36    20,00 DM
 5   Fröhlich           15    15,00 DM
 6   Steiner            41    22,50 DM
 7   Meier              20    12,50 DM
 8   Schulze            36    27,50 DM
 9   Wagner             35    17,50 DM
10
11
12
13
14
15
16
17
18
19
20
                                                                        EINS
05.11.90   14:10
```

Im Anschluß daran ist als Schritt 4 die Formel an der Zelle D3 in die Zellen D4 bis D9 zu kopieren. Hierzu verwendet man die Funktionstaste F10 mit dem Befehl "Kopie". Der "Quellbereich" ist die Zelle D3, der "Zielbereich" die Zellen D4 bis D9.

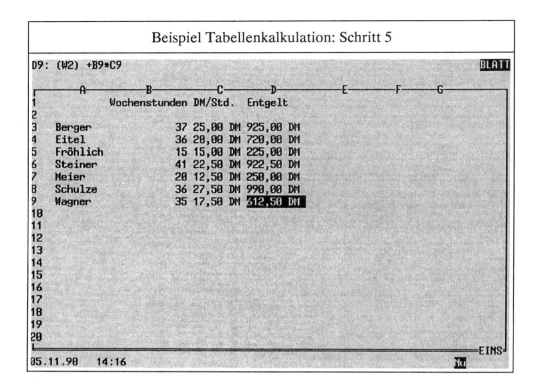

Auf diese Weise kopiert sich der (Formel-)Inhalt der Zelle D3 in die Zellen D4 bis D9: Somit steht als Schritt 5 in Zelle D9 die Formel B9 x C9 mit dem Ergebnis 612,50 DM.

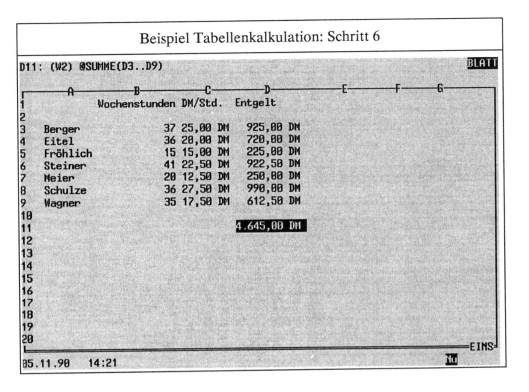

Um mit Schritt 6 die wöchentliche Lohnsumme zu erhalten, gibt man die Summenformel ("@ Summe") an und legt wiederum mit dem Cursor den Bereich der Summierung fest (D3 bis D9).

Festzuhalten bleibt: In der Spalte D stehen lediglich Formeln. Verändert man beispielsweise die Zelle B4 (Wochenstunden von Eitel) von 36 auf 35, so reduziert sich "automatisch" die Lohnsumme von 4645,- DM auf 4625,- DM.

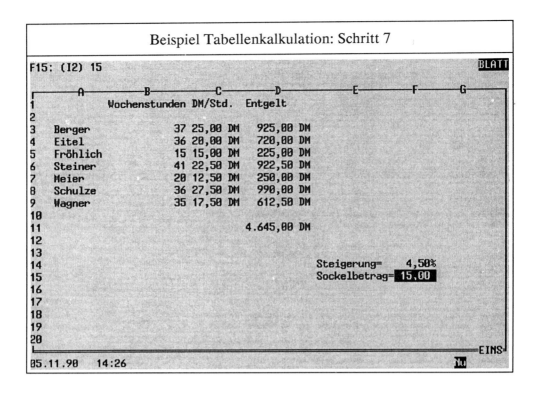

Will man als Schritt 7 den Effekt einer Lohnerhöhung analysieren, so sind an einer beliebigen (freien) Stelle im Kalkulationsblatt zwei Zellen zu definieren, nämlich
- für den prozentualen Steigerungssatz und
- für den Sockelbetrag.
Davor stehen jeweils als Textkonstante die Bezeichnungen der Felder.

```
G11: (%3) @MITTELWERT(G9..G3)                                    BLATT
         A         B           C          D            E         F         G
  1             Wochenstunden DM/Std.   Entgelt    Neuer Wert
  2
  3   Berger        37      25,00 DM   925,00 DM   981,63 DM             6,122%
  4   Eitel         36      20,00 DM   720,00 DM   767,40 DM             6,583%
  5   Fröhlich      15      15,00 DM   225,00 DM   250,13 DM            11,167%
  6   Steiner       41      22,50 DM   922,50 DM   979,01 DM             6,126%
  7   Meier         20      12,50 DM   250,00 DM   276,25 DM            10,500%
  8   Schulze       36      27,50 DM   990,00 DM  1.049,55 DM            6,015%
  9   Wagner        35      17,50 DM   612,50 DM   655,06 DM             6,949%
 10
 11                                  4.645,00 DM 4.959,03 DM             7,637%
 12
 13
 14                                         Steigerung=    4,50%
 15                                         Sockelbetrag= 15,00
 16
 17
 18
 19
 20                                                                   =EINS=
 05.11.90  14:50
```

Beispiel Tabellenkalkulation: Schritt 8

Im Anschluß daran berechnet man (Schritt 8) wie vorher die neuen Werte für den Wochenlohn sowie die individuelle Lohnerhöhung in Prozent vom Ausgangslohn. Das schwarz unterlegte Feld zeigt die durchschnittliche prozentuale Lohnerhöhung an.

```
                    Beispiel Tabellenkalkulation: Schritt 9
F15: (I2) 17                                                                BLATT
        A         B           C          D           E          F         G
  1              Wochenstunden DM/Std.  Entgelt    Neuer Wert
  2
  3   Berger         37      25,00 DM   925,00 DM    983,63 DM           6,338%
  4   Eitel          36      20,00 DM   720,00 DM    769,40 DM           6,861%
  5   Fröhlich       15      15,00 DM   225,00 DM    252,13 DM          12,056%
  6   Steiner        41      22,50 DM   922,50 DM    981,01 DM           6,343%
  7   Meier          20      12,50 DM   250,00 DM    278,25 DM          11,300%
  8   Schulze        36      27,50 DM   990,00 DM  1.051,55 DM           6,217%
  9   Wagner         35      17,50 DM   612,50 DM    657,06 DM           7,276%
 10
 11                                   4.645,00 DM  4.973,03 DM           8,056%
 12
 13
 14                                              Steigerung=    4,50%
 15                                              Sockelbetrag=  17,00
 16
 17
 18
 19
 20
                                                                          EINS
05.11.90   14:53
```

Um nun als Schritt 9 den Effekt eines anderen Sockelbetrags zu bestimmen, variiert man den entsprechenden Zelleninhalt (F15): Sofort wird deutlich, daß ein Sockelbetrag von 17,- DM zu einer durchschnittlichen Lohnerhöhung von 8,056 Prozent führt.

Bereits dieses kleine Beispiel macht die *Vorteile* einer Tabellenkalkulation deutlich: leichte Anwendung auch durch den EDV-Laien und Flexibilität bei der Modifikation von Problemstellungen sowie beim Durchrechnen von Alternativen.

Damit drängt sich der Personal Computer auch als Hilfsmittel für Führungskräfte auf, die traditionell eher "rechnen lassen". Gerade für sie kann es jetzt durchaus sinnvoll sein, einfache Probleme eigenständig und damit selbst kontrollierbar mit Hilfe von Tabellenkalkulationsprogrammen zu lösen.

Tabellenkalkulationen finden damit letztlich auf (fast) allen Arbeitsplätzen in der Personalabteilung statt. Hierfür bietet sich beispielsweise als In-house-Schulung ein Ein-Tages-Kurs für *alle* Mitglieder der Personalabteilung an.

Dies führt zu einer erheblichen Steigerung des Leistungspotentials, verbunden allerdings mit einigen nicht zu unterschätzenden *Gefahren*:

Tabellenkalkulationsprogramme erlauben vielfältige Eingaben und das Herstellen von nahezu beliebigen Bezügen; gerade deshalb besteht aber die Möglichkeit, irrtümlich falsche Verarbeitungsvorgänge zu aktivieren. Daher sind Aussagen sicherlich realistisch, wonach 40 Prozent aller Spreadsheetmodelle in gravierender Weise fehlerhaft sind, weil beispielsweise Monate und Dollar addiert und davon Quadratmeter abgezogen werden[*]. Die Gefahr von unerkannten Bedienungs- und Programmierfehlern ist also erheblich.

Bei komplexeren Ansätzen stellt sich damit die grundsätzliche Frage nach der *Korrektheit* der Berechnungen: Dies gilt besonders dann, wenn EDV-Laien mit diesem Instrumentarium größere Probleme angehen und sehr schnell zu (scheinbar) plausiblen Resultaten kommen. Gerade die Einfachheit von Tabellenkalkulationsprogrammen erhöht damit die "Dilettantismusgefahr" - vor allem bei Problemen, deren Lösung sich einer intuitiv-visuellen Kontrolle entzieht. Hier wird also auch weiterhin Expertenwissen gefragt bleiben.

Ein Beitrag zur Lösung dieses Problems ist die klare Trennung zwischen einfachen, komplexen und standardisierbaren Fragen:

o *Einfache Fragen* trägt der Endbenutzer selbständig ins "leere" Tabellenkalkulationsprogramm ein und bearbeitet es entsprechend. Hier dient das Zahlengefühl des Anwenders in Verbindung mit der klaren Struktur des Problems als (zumindest marginale) Sicherheit vor Fehlern.

o Für *komplexe Fragen* sollte ein Spezialist in der Personalabteilung bereitstehen, der über entsprechende Routine auch bei schwierigen Spreadsheets verfügt.

o Eine Sonderform sind die *standardisierbaren Fragen*. Sie werden vom "Experten" als Spreadsheet erstellt, jedoch vom Endbenutzer angewendet. Zu diesem Zweck können beispielsweise alle Zellen, die nicht verändert werden dürfen, als "geschützt" markiert und damit vor irrtümlicher Überschreibung gesperrt werden.

---

[*] Vgl. Infowelt vom 28.04.1986, S. 3 mit Bezug auf das Massachusetts Institute of Technology.

Nachfolgend sollen verschiedene Beispiele die Bandbreite für den Einsatz von Tabellenkalkulationen im Bereich des Personalwesens verdeutlichen. Im Vordergrund steht dabei jeweils oft eine einfache Grundidee, die dann fallspezifisch (beliebig) ausbaubar ist.

(a) Überprüfung des aktuellen Personalbestandes ("Rosenkranz-Formel")

Im Büro- und Verwaltungsbereich fehlt meist der direkte Bezug zu einer Outputgröße (Umsatzkennziffer) oder zu einem Produktionsverfahren (Bedienungsrelation), so daß der Personalbedarf nicht ohne weiteres zu ermitteln ist. Statt dessen prägen verschiedene Geschäftsvorfälle in unterschiedlicher Anzahl und mit unterschiedlichen Bearbeitungszeiten das jeweilige Tätigkeitsfeld: Dies macht den Einsatz von mehreren additiv verknüpften Kennzahlen erforderlich.

```
┌─────────────────────────────────────────────────────────────────┐
│         Personalbedarfsplanung mit der Rosenkranz-Formel        │
├─────────────────────────────────────────────────────────────────┤
│ E18:  (F2)  +E11*E12*E13                                  BLATT │
│       A         B         C         D      E        F       G   │
│  1             Personalbedarfsbestimmung mit Hilfe der Rosenkranzformel │
│  2                                                              │
│  3                                                              │
│  4   INPUT:   Personalbestand                  30 Personen      │
│  5           Arbeitszeit laut Tarif           170 Stunden/Monat │
│  6           Geschäftsvorfälle..................... Anzahl  Zeit│
│  7                   Typ 1 ........................   500   1,00│
│  8                   Typ 2 ........................  3000   0,50│
│  9                   Typ 3 ........................   300   3,00│
│ 10                   Verschiedenes ................       200,00│
│ 11           Faktor für Vergessenes und Nebenarbeiten  1,30     │
│ 12           Faktor für Ermüdung und Erholung          1,12     │
│ 13           Faktor für Ausfallstunden                 1,10     │
│ 14                                                              │
│ 15                                                              │
│ 16   OUTPUT: Arbeitsstunden laut Tarif        5100 Stunden      │
│ 17           Nettozeitbedarf                  2900 Stunden      │
│ 18           Notwendiger Verteilzeitfaktor    1,60              │
│ 19           Tatsächlicher Verteilzeitfaktor  1,76              │
│ 20           Errechneter Personalbedarf .........  29 Personen  │
│                                                        T_ROSEN  │
│ 05.11.90   15:29                                                │
└─────────────────────────────────────────────────────────────────┘
```

Der wohl bekannteste Vorschlag zur Lösung derartiger Problemstellungen ist die Rosenkranz-Formel als eine speziell für Bürotätigkeiten konzipierte

Bestimmungsform für den Personalbedarf[*]. Als Input verwendet dieses Modell
- den aktuellen Personalbestand,
- die tarifliche Arbeitszeit pro Monat,
- die typischen Geschäftsvorfälle,
- Restzeit für "Verschiedenes" und
- drei Verteilzeiten.

Dementsprechend beträgt der Personalbedarf im obigen Rechenbeispiel 29 Personen. Der obere Teil des Bildschirms enthält die wählbaren Parameter, der untere die daraus folgenden Ergebnisse: Reduziert man beispielsweise die tarifliche Arbeitszeit von 170 Stunden im Monat auf 150 Stunden, so folgt daraus der neue Personalbedarf von 32 Mitarbeitern.

(b) Bedarf an Auszubildenden

Obwohl in fast jedem Unternehmen "Azubis" ausgebildet werden, widmet man ihrer konkreten Bedarfsplanung oft nur wenig Aufmerksamkeit. Dies gilt besonders vor dem Hintergrund von alternativen Szenarien, sprich unterschiedlichen Umweltentwicklungen.

Gerade hier liegen aber interessante und wichtige Planungstatbestände. So unterscheidet ein konkreter Fall zwischen
- dem Wachstumsszenario als positive Einschätzung der Gesamtkonjunktur und
- dem Abbauszenario als negative Konjunktureinschätzung (jedoch ohne Personalfreisetzung), die in unterschiedliches Verhalten der Mitarbeiter mündet.

Diese, an anderer Stelle[**] ausführlich beschriebenen Planungsprobleme, lassen sich äußerst effizient als Tabellenkalkulation lösen.

Dieser Bedarfsberechnung läßt sich entnehmen, daß im Vergleich zum Abbauszenario aus dem Wachstumsszenario ein Zuschlag von etwa 50%

---

[*] Für eine weitergehende Erklärung dieser Formel und ihres potentiellen Einsatzbereiches siehe Scholz, Chr.: Personalmanagement - Informationsorientierte und verhaltenstheoretische Grundlagen, München (Vahlens Handbücher der Wirtschafts- und Sozialwissenschaften) 1989, S. 109-110.

[**] Vgl. Speck, P.: Auszubildenden-Bedarfsplanung mit Hilfe der Szenario-Technik, in: ZfbF 41 (3/1989), S. 235-244.

resultiert. Nach einer Einschätzung der zukünftigen Entwicklung der Gesamtkonjunktur und der Ermittlung der Azubi-Bedarfszahlen pro Geschäftsbereich folgt die Aggregation der Teilergebnisse im Hinblick auf das unternehmensweite Endergebnis. Die Unsicherheit bei der Einschätzung zukünftiger Entwicklungen kann beispielsweise durch Expertenbefragungen und Diskussionen mit verantwortlichen Mitarbeitern der verschiedenen Ressorts verringert werden.

Selbstverständlich ist neben dieser rein quantitativen Analyse auch die qualitative Aufteilung des Bedarfes bezüglich der jeweiligen Berufsbilder vorzunehmen, ohne die der Aussagewert des errechneten Gesamt-Azubi-Bedarfes stark eingeschränkt wäre. Zudem ist eine Voraussage der zukünftigen - vom Unternehmen nicht beeinflußbaren - Rahmenbedingungen nicht möglich. Auch die Szenario-Analyse kann diese Unsicherheiten nicht völlig ausräumen. Dennoch läßt sich der bei realistischer Einschätzung zu erwartende Spielraum des Bedarfs erkennen, was substantiell zur Fundierung der Bedarfsermittlung beiträgt.

Bedarfsberechnung an Auszubildenden				
A1:				BLATT
		Szenario:	Wachstum	Abbau
Abgang	Bundeswehr/Zivildienst		35%	35%
	Mutterschutz/Erziehungsurlaub		5%	5%
	externe Fluktuation		3%	1%
Zugang	Bundeswehr/Zivildienst		50%	50%
	Mutterschutz/Erziehungsurlaub		5%	25%
Übernahmequote			70%	85%
PERSONALSTAND ZUM ZEITPUNKT t0 = SOLLBESTAND FÜR tn			235	235
Abgang tn	Mutterschutz/Erziehungsurlaub	−	5,0	5,0
	Bundeswehr/Zivildienst von 17	−	6,0	6,0
	Mutterschutz/Erziehung von 120	−	6,0	6,0
	Weiterbildung (konst.) 5% 120	−	6,0	6,0
	externe Fluktuation von 190	−	5,7	1,9
Zugang	Bundeswehr/Zivildienst	+	3,0	3,0
	Mutterschutz/Erziehungsurlaub	+	0,3	1,5
PERSONALSTAND IN tn VOR ÜBERNAHME DER AZUBIS		=	209,6	214,6
Netto-Bedarf an Azubis			25,4	20,4
Zuschlag Übernahmequote			7,6	3,1
BRUTTO-BEDARF AN AZUBIS (aufgerundet)			33	24
05.11.90 15:34				T_AZUBI

	Wachstumszenario	**Abbauszenario**
Einflußfaktoren	Prämisse: Positive Gesamt-konjunktureinschätzung	Prämisse: Negative Gesamt-konjunktureinschätzung, aber keine Freisetzung
Ruhestand/ Vorruhestand	Ermittlung der sicheren Abgänge unter der Annahme, daß Mitarbeiter mit Erreichen der flexiblen Altersgrenze (60/63) bzw. Erfüllen der Bedingungen des Vorruhestandes ausscheiden.	
Bundeswehr/ Zivildienst	Ermitteln der Quote der Mitarbeiter, die durchschnittlich pro Jahr ihren Bundeswehr- oder Zivildienst ableisten sowie Trendfortschreibung.	
Mutterschutz/ Erziehungs-zeiten	Ermitteln der Quote der Mitarbeiterinnen, die pro Jahr ein Kind bekommen und im Erziehungsurlaub sind sowie Trendfortschreibung. <u>Rückkehrquote auf einen Arbeitsplatz nach Ende des Erziehungsurlaubs</u>	
	niedriger	höher
Fluktuation (extern)	Ermitteln der Fluktuationsquote der Mitarbeitergruppe, auf deren Arbeitsplatz die Azubis nach Abschluß der Ausbildung eingesetzt werden können sowie Trendfortschreibung. <u>Fluktuationsquote</u>	
	höher	niedriger
Übernahme von Azubis	Ermitteln der Übernahmequote (d.h. wieviele Azubis nehmen das Übernahmeangebot an). <u>Übernahmequote</u>	
	niedriger	höher
Einstellungen	Trendfortschreibung der Einstellungen direkt am Arbeitsplatz	Einstellungsstop

(c) Vermögensbildungsmodell

In diesem Modell werden folgende Größen berücksichtigt:
- Vermögensbildung über neu auszugebende Belegschaftsaktien,
- Gewährung eines Arbeitgeberzuschusses beim Aktienkauf, wobei die Höhe des Zuschusses mit der Sparsumme steigt,
- Einbeziehung der staatlichen Sparförderung,
- sechsjährige Vertragslaufzeit und
- kontinuierliches Ansparen mit monatlichen Sparbeträgen, unabhängig von Aktienkurs und Kauftermin.

```
            Mitarbeiterbezogene Analyse im Vermögensbildungsmodell
B7:                                                                     BLATT

Kinderzahl                    2              Dividende       3 DM/Aktie
Obergrenze für Sparzulage   936 DM           Aktienkurs     70 DM
Jährliche Sparleistung      312 DM
                                                            INDIV_PARAMETER

                    Jahr----1 ----2 ----3 ----4 ----5 ----6
Sparleistung des Mitarbeiters      312   312   312   312   312   312
davon sind sparzulagenfähig        312   312   312   312   312   312
Arbeitnehmersparzulage      23 %    72    72    72    72    72    72
Arbeitgeberleistung                 30    30    30    30    30    30

Max. Anlagebetrag                  342   404   396   388   380   372
Tageskurs der Aktie                 70    70    70    70    70    70
Anzahl der neugekauften Aktien       4     5     5     5     5     5
Restbetrag wegen Ganzzahligkeit     62    54    46    38    30    22
Summe der gesamten Aktien            4     9    14    19    24    29

Wert der gesamten Aktien           280   630   980  1330  1680  2030
Dividendensumme                     12    39    81   138   210   297
Summe der Eigenleistung            240   480   720   960  1200  1440
                                                            INDIV_ERGEBNIS
05.11.90   15:40
```

Mit Hilfe einer Übertragung dieses Modells auf den Personal Computer war zunächst *mitarbeiterbezogen* zu prüfen, wie sich unterschiedliche Sparsummen, Kinderzahlen und Fördersummen auswirken. Eine sukzessive Veränderung der Variablen ermöglicht hier die Feinabstimmung der Parameter, beispielsweise der Arbeitgeberleistung in Abhängigkeit von der Sparleistung. Die Personalabteilung ist ferner mit einem solchen Modell in der Lage, Mitarbeiter über individuelle Auswirkungen der Änderung ihrer Sparsumme zu beraten.

Unternehmensbezogene Analyse im Vermögensbildungsmodell			
AM13:			BLATT

Teilnehmerzahl:	14.000	davon	312/J.	30 %
			624/J.	25 %
			936/J.	10 %
			1248/J.	35 %
		zwei oder weniger Kinder (K2)		80 %
Nennwert der Aktie	50	drei oder mehr Kinder (K3)		20 %

AUSGANGSDATEN

	S624 K3	Summe
Anzahl der Mitarbeiter dieser Klasse	700	14.000
Mitarbeiter-Sparleistung	2.621	65.520
Arbeitnehmersparzulage	867	14.130
Eigenleistung der Mitarbeiter	1.754	51.390
Arbeitgeberleistung	504	13.860
Aktienkapital	3.087	78.841
Zuwachs GK bei DM 50	2.205	56.315
Agio	882	22.526

KLASSE — GESAMT_ERG.

05.11.90 15:43

Neben der mitarbeiterbezogenen Auswertung waren in diesem Fall als *unternehmensbezogene* Analysen unter anderem die Gesamtbelastung für das Unternehmen und die Änderung des Grundkapitals zu bestimmen. Das obere der vier Fenster enthält Modellparameter: die Anzahl der am Vermögensbildungsmodell teilnehmenden Mitarbeiter sowie ihre Verteilung auf diverse Standardkombinationen.

Während das linke untere Fenster nur die Zeilenbezeichnung beinhaltet, sind im (verschiebbaren) Fenster daneben die Konsequenzen verschiedener Standardkombinationen ablesbar. Die Angabe der eigentlichen Ergebnisgrößen erfolgt rechts unten: Bei den oben angegebenen Modellparametern stehen einem Aufwand von 13,8 Millionen DM (Arbeitgeberleistung) ein Grundkapitalzuwachs von 56,3 Millionen DM und ein Agio von 22,5 Millionen gegenüber.

Im Rahmen einer *Sensitivitätsanalyse* läßt sich zudem prüfen, wie stark sich Verschiebungen der Zuschußstaffel (Arbeitgeberleistung) oder der Mitarbeiterverteilung auf das bisherige Ergebnis auswirken. Auch sind *Extremszenarien* durchrechenbar: Dazu wird alternativ geprüft, welche Konsequenzen eine extrem starke (oder schwache) Beteiligung hätte.

(d) Markoff-Modell

Zur Aufgabe der Personalbestandsplanung zählt neben der Ermittlung und Projektion des Personalbestandes auch die Evaluierung alternativer Beförderungsregeln. Das Ziel einer solchen betrieblichen Beförderungspolitik besteht in der Erreichung beziehungsweise Stabilisierung einer angestrebten Personalkonfiguration. Es ist also bei allen zu analysierenden Stellengruppen eine Soll-Verweildauer für die Mitarbeiter zu bestimmen.

Für derartige Fragestellungen werden in der Literatur[*] seit langem Markoff-Modelle vorgeschlagen. Sie erreichen ihre volle Wirksamkeit aber erst in einem interaktiv-heuristischen Planungsprozeß, wie ihn ein Spreadsheet-Modell ermöglicht.

Dies soll anhand von vier Stellentypen (S1 bis S4) demonstriert werden. Historische Daten liegen aus den Perioden 1 bis 10 vor. Die folgende Abbildung enthält einen Ausschnitt aus mehreren Bildschirmfenstern, die in ihrer Zusammenstellung den logischen Programmablauf widerspiegeln.

Diese Verbindung aus retrospektiver Statistik mit prospektiver Projektion und Planung besteht aus vier Schritten:
(1) Für die abgelaufenen Perioden werden der Personalbestand in den zu analysierenden Stellentypen und seine Veränderungen erfaßt (HIST.VERLAUF).
(2) Aus diesen Werten ergibt sich die historische Übergangsmatrix (IST).
(3) Mit Hilfe dieser Übergangsmatrix wird der aktuelle Personalbestand bis zum Ende der Planungsperiode hochgerechnet (PROJEKTION).
(4) Anschließend ist eine neue Übergangsmatrix zu erstellen, in der die Versetzungshäufigkeiten sowie Zu- und Abgänge solange (interaktiv-heuristisch) verändert werden (PLAN), bis sie die angestrebte Bestandsentwicklung widerspiegeln (PLAN.VERLAUF).

---

[*] Vgl. Scholz, Chr.: Personalmanagement - Informationsorientierte und verhaltenstheoretische Grundlagen, München (Vahlens Handbücher der Wirtschafts- und Sozialwissenschaften) 1989, S. 78-82; sowie Wächter, H.: Die Verwendung von Markov-Ketten in der Personalplanung, in: ZfB 44 (1974), S. 243-254.

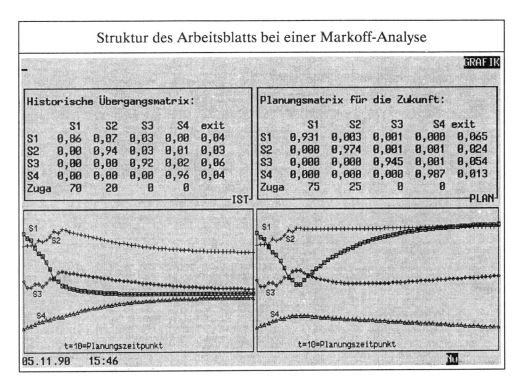

Aus der Abbildung ist auf der linken Seite ersichtlich, daß sich der Personalbestand in Stellentyp S1 bei Beibehaltung der alten Beförderungs- und Einstellungspolitik drastisch reduziert, während der in S4 deutlich zunimmt.

Exemplarisch sei der Personalbestand in Periode 0 die anzustrebende Soll-Konfiguration. Gesucht ist nun ausgehend vom aktuellen Personalbestand eine Beförderungs- und Einstellungspolitik, die ein "sanftes Hinregeln" zur Soll-Personalkonfiguration ermöglicht, das heißt nach einem bestimmten Zeitraum wieder die angestrebte Soll-Konfiguration realisiert. Zu diesem Zweck werden die Parameter im Fenster PLAN solange modifiziert, bis sich die gewünschte Entwicklung im Fenster PLAN-VERLAUF beziehungsweise im entsprechenden Grafikfenster einstellt.

(e) Budget-Erstellung

	A	B	C	D	E	F	G
			Gesamtbudget		1.000.000 DM		
1							
2			Urlaubsgeld		700 DM		
3			Gruppe A	Gruppe B	Gruppe C	Gruppe D	
4	Verteilung		21%	31%	13%	35%	
5	M-Gehalt		8.000	6.000	4.000	2.000	Summen
6							
7	Januar....		16.000	24.000	10.000	26.000	76.000 DM
8	Februar...		16.000	24.000	10.000	26.000	76.000 DM
9	März......		16.000	24.000	10.000	26.000	76.000 DM
10	April.....		16.000	24.000	10.000	26.000	76.000 DM
11	Mai.......		16.000	24.000	10.000	26.000	76.000 DM
12	Juni......		17.400	26.800	11.750	35.100	91.050 DM
13	Juli......		16.000	24.000	10.000	26.000	76.000 DM
14	August....		16.000	24.000	10.000	26.000	76.000 DM
15	September.		16.000	24.000	10.000	26.000	76.000 DM
16	Oktober...		16.000	24.000	10.000	26.000	76.000 DM
17	November..		32.000	48.000	20.000	52.000	152.000 DM
18	Dezember..		16.000	24.000	10.000	26.000	76.000 DM
19							1.003.050 DM
20	Verteilung		2,0	4,0	2,5	13,0	21,5 Personen

A19: (F0) "   BLATT

Arbeitsblatt zur Budget-Erstellung

T_BUDGET
05.11.90 15:50

Soll ein gegebenes Budget "verplant" werden, so bietet sich hierfür ebenfalls eine Tabellenkalkulation an. In unserem Beispiel ist unter Berücksichtigung von
- Weihnachtsgeld und
- Urlaubsgeld

ein Gesamtbudget von 1 Million DM auf Beschäftigte in vier Besoldungsgruppen zu verteilen, wobei zusätzlich die prozentuale Verteilung der Gehaltssumme auf diese vier Gruppen vorgegeben ist.

(f) Globale Personalbedarfsplanung

```
┌─────────────────────────────────────────────────────────────────────┐
│           Arbeitsblatt zur globalen Personalbedarfsplanung          │
│B42: (I0)                                                      BLATT │
│                                                                     │
│      Personalbedarfsplanung für ..................1990              │
│ ▌               | 1986    1987    1988    1989 |Projektion  Plan    │
│ ────────────────+───────────────────────────────────────────────    │
│ Umsatz      Mio| 30.080  30.393  34.822  42.600 |  47.904   46.000 \│
│ Wertschöpfung Mio| 14.850 15.862  16.948  19.656 |  21.600  20.200 \──+
│ RHB-Aufwand Mio| 11.423  12.158  14.606  16.167 |  17.764   17.500 / │
│ F&E-Aufwand Mio|  2.550   2.672   2.890   2.924 |   3.035    3.100 / v
│                                                              Veränderung
│ Mitarbeiter SUMME|243.000 241.000 242.440 271.440 | 285.574  276.769   5329
│ Vertrieb       |  35.153  34.720  35.150  38.545 |  39.233   40.000   1455
│ Produktion     | 133.107 131.910 132.278 146.545 | 155.396  149.629   3084
│ Beschaffung    |  12.112  11.565  11.767  13.030 |  14.166   14.056   1026
│ F&E            |  22.128  22.638  22.838  28.080 |  29.183   26.956  -1124
│ Allg. Verw. 20%|  40.500  40.167  40.407  45.240 |  47.596   46.128    888
│
│ KENNZIFFERN: (Mio Bezugsgröße pro Mitarbeiter)                      ^
│ Vertrieb  (U) |   0,856   0,875   0,991   1,105 |   1,221    1,150 \  |
│ Produktion (W)|   0,112   0,120   0,128   0,134 |   0,139    0,135 \  |
│ Beschaffung (RHB)| 0,943  1,051   1,241   1,241 |   1,254    1,245 /──+
│ F&E (F&E)     |   0,115   0,118   0,127   0,104 |   0,104    0,115 /
│                                                              =T_BEDARF=
│05.11.90   15:53                                                  ▓   │
└─────────────────────────────────────────────────────────────────────┘
```

Größere Unternehmen stehen auf aggregierter Ebene der strategisch bedeutsamen Frage gegenüber, wie sich langfristig der quantitative Bedarf entwickeln wird. Dazu gehört speziell die Beziehung zwischen Unternehmensdaten (beispielsweise Umsatz) und Personalbedarfswerten bestimmter Funktionsgruppen.

Zur Erstellung eines solchen Modells sind zunächst die in der Vergangenheit realisierten Kennziffern zu bestimmen. Produktivitätsziffern drücken hier beispielsweise die Relation zwischen Umsatz (in Millionen DM) und Mitarbeitern im Vertrieb aus. Bezogen auf den Zeitablauf spiegeln diese Kennzahlen eine graduelle Steigerung der Produktivität wider. Das Modell liefert als Projektion die entsprechenden Werte für das Jahr 1990. Ihnen werden Planwerte gegenübergestellt, die durchaus von der Projektion abweichen können.

(g) Globale Personalbestandsplanung

```
┌─────────────────────────────────────────────────────────────────┐
│            Arbeitsblatt zur globalen Personalbestandsplanung    │
├─────────────────────────────────────────────────────────────────┤
│ BB:                                                      BLATT  │
│                                                                 │
│ INPUT-PARAMETER:              ERGEBNIS-WERTE für 100 Perioden:  │
│ Anfangsbestand    1.000       ....durchschnittliche             │
│ Soll-Bestand(t)   1.000 1.200  800    Unterdeckung      50      │
│ Abgangsrate          2 %              Überdeckung       47      │
│ Schwankung          20 %                                        │
│ Einstellrate  ▮  0,35         Gesamtabweichung        9.761     │
│                                                        PARAMETER│
│ Periode  Bestand  Abgang  Zugang   Soll  M-Diff. P.-Diff. S.-Diff.│
│   23       922      15       0    1000     78       0      78   │
│   24       907      16       5    1000     93       0      93   │
│   25       896      20      11    1200    304       0     304   │
│   26       887      20      19    1200    313       0     313   │
│   27       886      15      27    1200    314       0     314   │
│   28       898      16      32    1200    302       0     302   │
│   29       914      21     106    1200    286       0     286   │
│   30       999      21     109    1200    201       0     201   │
│   31      1087      22     109    1200    113       0     113   │
│   32      1174      18     105    1200     26       0      26   │
│   33      1261      25     100    1200      0      61      61   │
│                                                         VERLAUF │
│ 05.11.90   15:57                                   Kalk     Nu  │
└─────────────────────────────────────────────────────────────────┘
```

Die globale Personalbestandsplanung orientiert sich an der Personalstruktur auf aggregiertem Niveau und findet ihre Anwendung hauptsächlich in Form der Personalkonfiguration. Diese drückt die zahlenmäßige Verbreitung der Belegschaft auf einzelne Belegschaftsgruppen aus. Die Gruppenbildung erfolgt anhand mindestens eines Kriteriums, beispielsweise nach Altersstufen ("Alterspyramide"), Diensträngen oder Qualifikationsgruppen. Das Beispiel oben beinhaltet den unternehmensweiten globalen Personalbestand über einen Zeitraum von zehn Perioden.

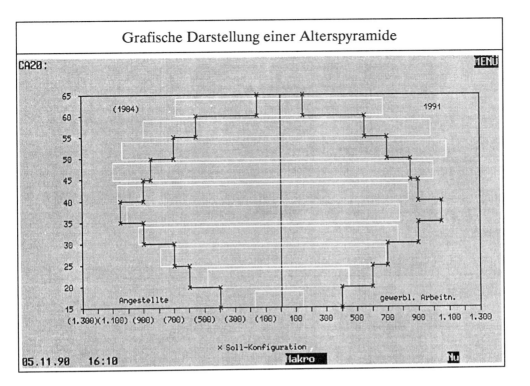

Tabellenkalkulationsprogramme ermöglichen in der Regel auch die grafische Aufbereitung von Arbeitsblättern. Beispielsweise sind bei der abgebildeten Alterspyramide Über- und Unterdeckungen des Soll-Bestandes bei den Angestellten und gewerblichen Arbeitnehmern sofort ersichtlich. In Tabellenform wäre dieser schnelle Überblick sicherlich nicht möglich. Bei entsprechender Programmierung werden neue Planungsdaten automatisch in die grafische Ausgabe übernommen, sodaß sich das "manuelle" Erstellen von jeweils aktualisierten Grafiken erübrigt.

(h) Ergebnis

Die auf dem Markt befindlichen Tabellenkalkulationsprogramme bieten alle eine Fülle von *Funktionen* an. Dazu zählen:
- Verwaltungsoperationen wie Laden, Abspeichern oder Kopieren von Arbeitsblättern,
- Manipulationsbefehle, wie Kopieren, Einfügen, Löschen oder Bewegen,
- Druckbefehle,
- Formatierungsbefehle und
- Hilfsfunktionen (im Regelfall F1-Taste).

Über die *Scrolling-Funktion* läßt sich der am Bildschirm angezeigte Ausschnitt aus dem Arbeitsbogen verschieben. Es wird somit quasi ein Sichtfenster über dem Arbeitsbogen hin- und hergeschoben. Handelt es sich dabei um Tabellen, so kann es hilfreich sein, Überschriftenzeile und/oder Vorspalte auf dem Bildschirm zu fixieren (*"title locking"*). Auch die gleichzeitige Verwendung von mehreren Sichtfenstern (*"windows"*) ist möglich. Mit dieser Fenstertechnik kann der Benutzer mehrere Ausschnitte des Arbeitsbogens fixieren und sie unabhängig voneinander verschieben.

Die Form des Aufrufs der Spreadsheet-Befehle hängt vom jeweiligen Programm ab: So werden bei Lotus 1-2-3 die Befehle des Hauptmenüs durch "/" aktiviert und die Verzweigungen in entsprechende Untermenüs vorgeschlagen.

Festzuhalten bleibt: Gerade die Existenz von Tabellenkalkulationsprogrammen macht den PC-Einsatz zur Beantwortung personalwirtschaftlicher Fragestellungen nicht nur interessant, sondern letztlich sogar fast schon zum unverzichtbaren Hilfsmittel für die tägliche Arbeit. So lassen sich numerische Probleme genauso schnell auf dem Computer-Bildschirm wie auf Papierbogen festhalten, dann aber am Personal Computer wesentlich schneller auswerten und zudem flexibler korrigieren.

Checkliste: Tabellenkalkulation

Produktname

Version:		deutsch		englisch

Hardwarevoraussetzungen

Kategorie		XT		AT		386er		486er
Arbeitsspeicher								KB
Festplatte		Ja:	MB verfügbar			Nein		
Grafikstandard		CGA		Hercules		EGA		VGA
Maus empfohlen			Ja				Nein	

Betriebssystem

Typ		DOS		OS/2		UNIX
Version						

SAA-Konzept

		Ja		Nein

Service

Installation		Ja		Nein
Dokumentation		deutsch		englisch
Hotline		Ja		Nein
Schulung		Ja		Nein

Einarbeitungsaufwand

		niedrig		mittel		hoch

Hilfefunktionen

	ohne		Tutorial		online		situativ		Querverweise

Anzahl parallel geöffneter Fenster

		Keine		2		3		...

Funktionsumfang

mathematische				Anzahl:
statistische				Anzahl:
finanzmathematische				Anzahl:
Text				Anzahl:

Grafiktypen

		Balken		Kreis		Linien		X-Y		...

Datenexport

		ASCII		dBASE		Lotus		...		Nein

Datenimport

		ASCII		dBASE		Lotus		...		Nein

Makrofunktionen

		Ja		Nein

Maximale Spaltenanzahl

Maximale Zeilenanzahl

Paßwortschutz

		nur Dateien		für Bereiche		Nein

Zusätzliche Programm-Module

		Regressionsanalyse		Lineare Programmierung		...

Preis

(—) veraltet

Tabellenkalkulationsprogramme				
Name	**Vertrieb**	**aktuelle Version**	**Systeman-forderungen**	**Preis inkl. Mwst.**
Quattro Pro	Borland	2.0	minimal 512 KByte Arbeitsspeicher	1.482,-DM*

Kurzbeschreibung:
Quattro Pro stellt dem Benutzer drei Oberflächen zur Verfügung: diejenige der Vorgängerversion, eine Lotus 1-2-3 kompatible und schließlich eine Oberfläche nach dem SAA-Konzept. Die Anzahl der Funktionen ist nicht ganz so umfangreich wie bei Excel. Quattro Pro bietet eine aus der Textverarbeitung bekannte Preview-Funktion zur Druckkontrolle. Die sonstigen Leistungen entsprechen dem Tabellenkalkulationsstandard.

Name	**Vertrieb**	**aktuelle Version**	**Systeman-forderungen**	**Preis inkl. Mwst.**
Lotus 1-2-3	Lotus	2.2 (PC XT) 3 (PC AT)	minimal 320 KByte Arbeitsspeicher	1.100,-DM* 1.695,-DM*

Kurzbeschreibung:
Lotus 1-2-3 ist der Standard unter den Kalkulationsprogrammen. Die Version 3 ist dabei nur auf Rechnern der AT- bzw. 386er-Klasse lauffähig. Es existiert eine Version Lotus 1-2-3/G, die unter dem Presentation Manager von OS/2 läuft. Der Funktions- und Leistungsumfang der Standardversion 2.2 ist im Vergleich zu Excel und Quattro Pro geringer.

Name	**Vertrieb**	**aktuelle Version**	**Systeman-forderungen**	**Preis inkl. Mwst.**
Starplaner	Stardivision	2.0	minimal 384 KByte Arbeitsspeicher	398,- DM*

Kurzbeschreibung:
Der Starplaner ist ein sogenannter Lotus-Clone. Das bedeutet, daß es dieselben Funktionen und Dateiformate besitzt. Lediglich die Nutzung von Lotus 1-2-3 Zusatzprogrammen (wie Business Planer) ist nicht möglich.

* Die angegebenen Preise sind Listenpreise gemäß Herstellerangaben. Im Handel werden die aufgeführten Produkte teilweise erheblich günstiger angeboten!

5.3 Datenmanagement

Während Tabellenkalkulationsprogramme überwiegend Rechenoperationen unterstützen, dient eine zweite Gruppe von Programmen der Verarbeitung von Datensätzen, beispielsweise zur
- Seminarverwaltung,
- Bewerberverwaltung,
- Altersversorgung,
- Parkplatzvergabe,
- Entwicklungsplanung und
- Bildungsplanung.

Eine *Datei* besteht aus mehreren *Datensätzen*; diese wiederum bestehen aus *Datenfeldern*. Die Erstellung einer Datei läßt sich durch Eingabemasken relativ einfach direkt auf dem Bildschirm realisieren: Der Benutzer gibt dazu sukzessive auf Anfragen des Systems
- die zu verwendenden Feldnamen,
- die Art der Felder (numerische oder Text) sowie
- die maximalen Feldlängen
ein und kann anschließend mit dem Bearbeiten der Datei - also zunächst dem Eintrag von Datensätzen - beginnen. In ähnlicher Weise erfolgt das Verändern, Löschen und Kopieren von Datensätzen.

Ein einfaches Beispiel soll die Anwendung eines solchen Datenbanksystems (hier **dBase III+**) illustrieren: Startpunkt ist wieder - wie bei Tabellenkalkulationsprogrammen - das "leere" Programm. Hilfestellung beim Aufbau der Datenbank liefert der "ASSIST"-Modus: Dieser ermöglicht auch Neulingen ohne Vorkenntnisse die Arbeit mit **dBase**: ASSIST operiert menügesteuert mit Fenstertechnik, "führt" den Anwender also sukzessive durch das Problem.

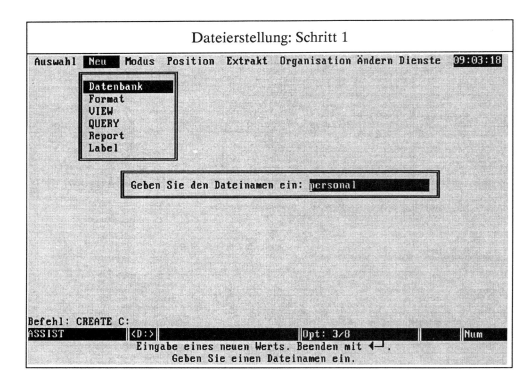

Die menügesteuerte Befehlseingabe wird automatisch in die entsprechende Syntax umgesetzt, die unten hinter "Befehl:" erscheint. Da eine neue Datenbank erstellt werden soll, ist diese Option im Rahmen des Menüpunktes "Neu" anzuwählen. Der einzugebende Dateiname ermöglicht nach dem abschließenden Speichern einen späteren Neuaufruf zur Bearbeitung der Datenbank.

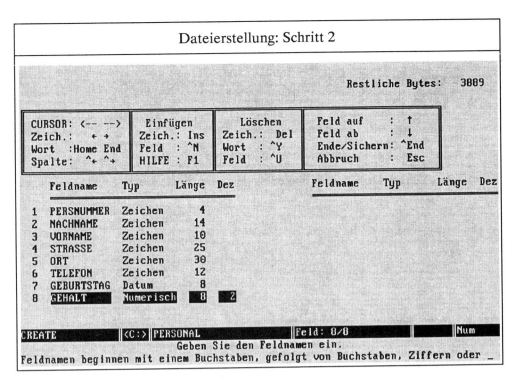

Nach der Angabe, daß eine neue Datenbank zu erstellen ist, folgt die Definition der gewünschten Felder. Der Typ gibt an, ob es sich um Zeichen, numerische Daten oder um ein Datum (Tag, Monat, Jahr) handeln soll. Die Länge des Feldes erlaubt - ähnlich wie die Spaltenbreite in der Tabellenkalkulation - verschieden lange Eingaben pro Feldname.

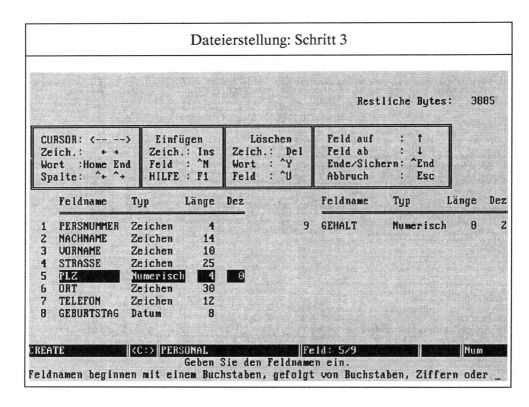

Änderungen der Feldstruktur - hier das Einfügen der Postleitzahl vor dem Ort - sind mittels "Ändern" und dem Strukturmenü "Datenbank" möglich: Vor dem Ort wird die Postleitzahl eingeschoben, die nachfolgenden Feldnamen rücken je eine Position weiter.

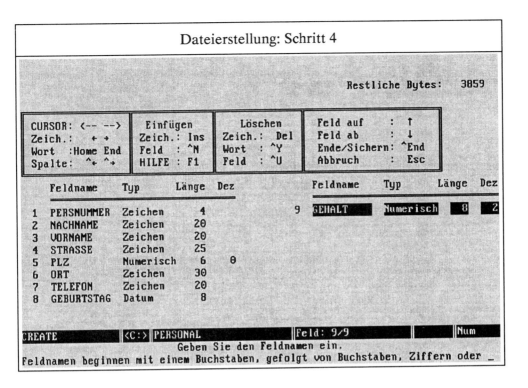

Stellt sich die Feldlänge als zu lang oder kurz heraus, so sind auch hier Modifizierungen ebenso einfach möglich.

Empfehlenswert ist aber die Begrenzung der Feldlänge auf eine möglichst niedrige Zahl. Beispielsweise würden in dem numerischen Feld 9 "Gehalt" Fehlereingaben, bei denen das Komma um einen Platz zu weit nach links gesetzt wird, nicht angenommen und somit eine sofortige Korrektur bewirken. Nach der Definition der Datenstruktur, die mit <Ctrl End> abgeschlossen wird, fragt **dBase** im ASSIST-Modus ab, ob die Eingabe von Datensätzen erwünscht ist. Die Datenbank-Struktur wird nun also mit konkreten Inhalten gefüllt.

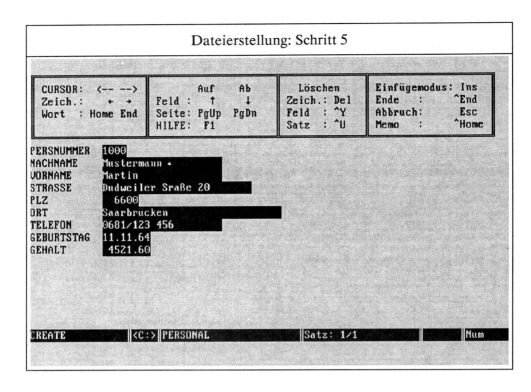

Die Eingabe der Personaldaten bezieht sich auf die vorher definierten Feldnamen. Der in der Abbildung schwarze Hintergrund spiegelt die Feldlänge wider. Die Anzahl der Datensätze, die in dieser Datenbank erfaßt werden können, ist in jedem Falle ausreichend groß, um alle Mitarbeiter aufzunehmen.

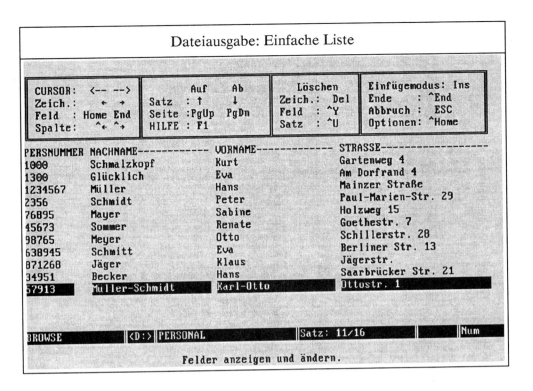

Die Auflistung der Mitarbeiter liegt nach erfolgter Eingabe (zunächst) unsortiert vor. Diese Liste ist - wie noch gezeigt wird - im Hinblick auf die verschiedensten Kriterien sortierbar, wobei auch Abfragen nach mehreren Kriterien zugleich möglich sind. Das Sortieren nach beliebigen Gesichtspunkten der zuvor festgelegten Datenstruktur führt zu erheblicher Zeitersparnis bei mitarbeiterbezogenen Auswertungen. Die Erstellung zweier Listen, beispielsweise zunächst alphabetisch und daraufhin nach der Gehaltssumme sortiert, ist innerhalb kürzester Zeit möglich.

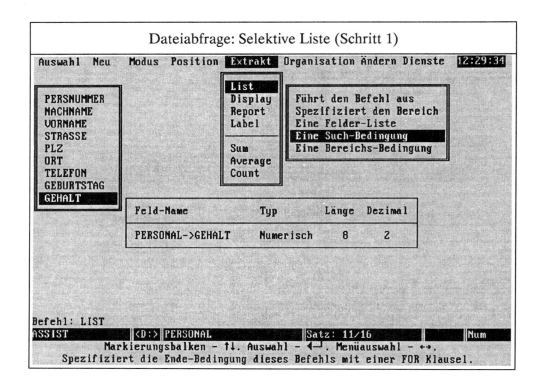

Exemplarisch soll eine Abfrage bezüglich aller Mitarbeiter entwickelt werden, die höchstens über ein festzulegendes Gehalt verfügen und deren Geburtsdatum zugleich vor einem bestimmten Datum liegt. Abfragen in einer Datenbank sind grundsätzlich hinsichtlich aller definierten Felder möglich. In dem linken Fenster ist das gewünschte Kriterium auszuwählen, hier also zunächst das Gehalt.

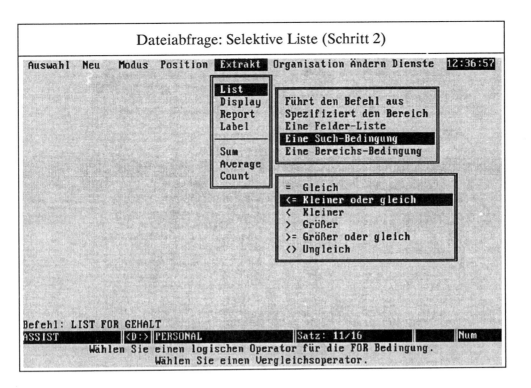

Da die Ausgabe der Mitarbeiter mit einem festzulegenden Maximalgehalt gewünscht ist, muß in dem Fenster, welches diesbezüglich die Einstellungen festlegt, die Option "kleiner oder gleich" gewählt werden.

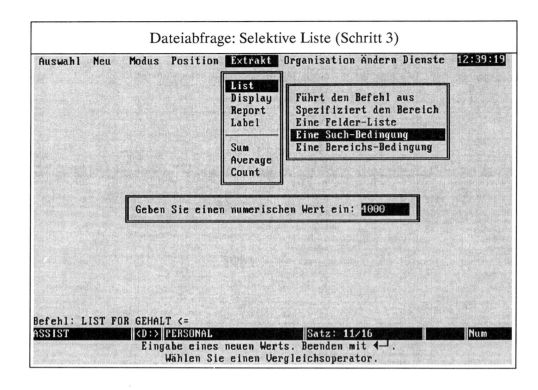

Der einzugebende numerische Wert des Gehaltes betrage 4.000,- DM.

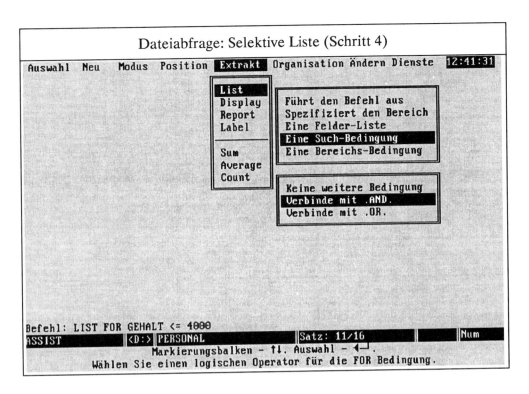

Das zweite Auswahlkriterium - das Geburtsdatum - wird mit dem ersten (Gehalt) mittels der Verbindung "AND" verknüpft. Im Gegensatz hierzu hätte eine Verbindung mit "OR" zur Folge, daß jedes Kriterium für sich betrachtet wird: In diesem Fall erschienen in der Ausgabe diejenigen Mitarbeiter, die weniger als 4.000,- DM verdienen *oder* deren Geburtsdatum vor dem 31.12.58 liegt.

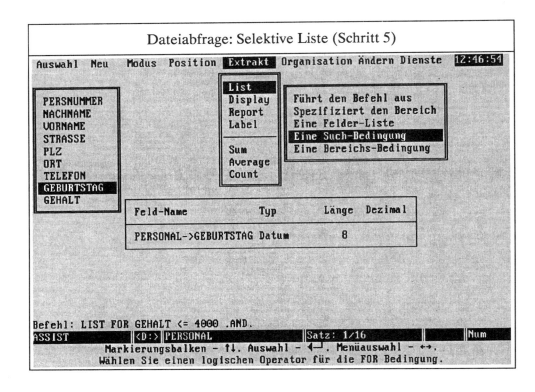

Im unteren Bildschirmbereich verdeutlicht die Angabe des bisher eingegebenen Befehls in der **dBase**-Syntax die bereits eingegebene gehaltsbezogene Abfrage sowie die Verknüpfung mittels "AND".

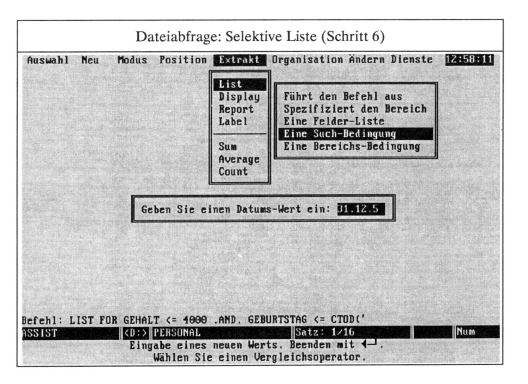

Die Eingabe des Datums - 31.12.58 - bildet nun neben dem Gehalt von 4000,- DM die zweite Obergrenze für die zu erstellende Liste. Alle Mitarbeiter, die diese Kriterien nicht erfüllen, bleiben unberücksichtigt.

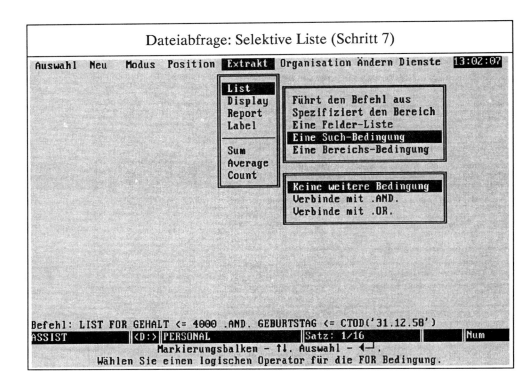

Bestätigt man das Geburtsdatum mit der Return-Taste, so wird eine weitere Sachbedingung angeboten, die in diesem Fall als drittes Kriterium zu definieren wäre. (Die Bestätigung mittels der Return-Taste ist in diesem speziellen Fall nicht notwendig: Aufgrund der Felddefinition als Datum interpretiert "ASSIST" die Eingabe mit dem Eintippen der letzten Jahreszahl als beendet und korrekt.)

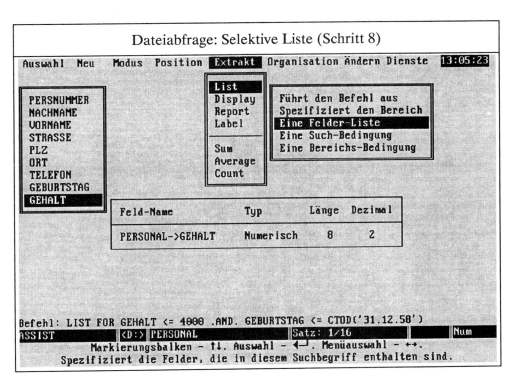

Mit der Option "Eine Felder-Liste" lassen sich nun noch die auszugebenden Feldnamen wahlweise spezialisieren. Erfolgt dies nicht und läßt man den Befehl ausführen, so werden sämtliche Felder der Mitarbeiter, die die Sachkriterien erfüllen, angezeigt beziehungsweise ausgedruckt. Ebenso kann man aber auch beispielsweise die Adresse der Mitarbeiter explizit von der Liste ausschließen.

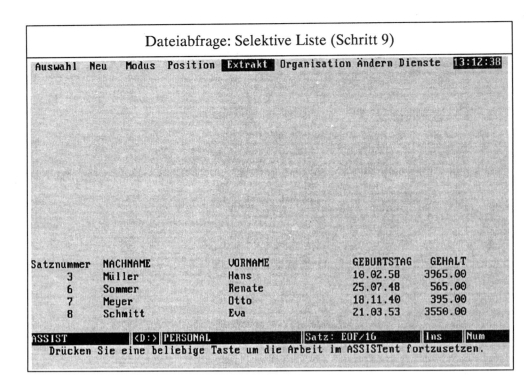

Unmittelbar ersichtlich ist, daß die Mitarbeiter mit der Satznummer 3, 6, 7 und 8 die Auswahlkriterien erfüllen. Als Felder-Liste waren Nachname, Vorname, Geburtstag und Gehalt anzugeben.

Das obige Beispiel zum Aufbau einer (kleinen) Personal-Datenbank schöpft die Möglichkeiten des Datenmanagements selbstverständlich bei weitem nicht aus. Dies betrifft sowohl die Datenstruktur als auch den Dateiinhalt. Es sollte lediglich das grundsätzliche Vorgehen bei der Arbeit mit Standardsoftware in diesem Bereich aufgezeigt werden.

Für den Endanwender von Datenbanksystemen gibt es vier Ausbaustufen:
- Beim *"rohen" Datenbanksystem* erhält der Benutzer lediglich den Befehlsumfang, den das Datenbanksystem zur Verfügung stellt. Datensätze sind noch nicht definiert und Dateninhalte noch nicht eingetragen.
- Bei einer *vorstrukturierten Datenbank* bekommt der Benutzer eine vorgefertigte Datenstruktur, gegebenenfalls auch bereits (erste) Datensätze. Diese Struktur kann dann mit dem Datenbanksystem verwendet werden. Die Verwendung eines solchen vorstrukturierten Datenbanksystems hat allerdings den Nachteil, daß der Benutzer den Sprachumfang des jeweiligen Datenbanksystems kennen und seine Anwendung beherrschen muß.

- Aus diesem Grund gibt es bei vielen Datenbanksystemen *Programm-Generatoren*. Sie erlauben die Festlegung von Schrittfolgen und letztlich auch den kompletten Aufbau einer Menüstruktur.
- Diese Menüstruktur setzt aber noch immer die Verfügbarkeit des Datenbanksystems voraus. Deshalb bieten einige Systeme *Kompilierungs-Versionen* an, die ablauffähige Module generieren. Sie sind dann unabhängig vom ursprünglichen Datenbankprogramm einsetzbar. Für **dBase** gibt es das Kompilierungsprogramm **CLIPPER**.

Werden die Programmdateien umfangreich, so empfiehlt es sich, sie in ein Hauptprogramm und eine oder mehrere Prozedurdateien zu unterteilen. Das Hauptprogramm dient in der Regel lediglich zur Variablendeklaration sowie zur Eröffnung der Daten- und Prozedurdateien. In der Prozedurdatei werden alle Unterprogramme zusammengefaßt; sie wird genauso wie die Programmdatei im Editor erstellt.

Die zentralen Entscheidungskriterien für die Wahl eines Datenbanksystems ergeben sich aus ihrer quantitativen Leistungsfähigkeit: Dazu zählen
- die maximale Anzahl der Datensätze,
- die maximale Anzahl von Feldern pro Datei,
- die maximale Länge von einzelnen Feldern.

Hinzu kommen allgemeine Kriterien, wie Benutzerfreundlichkeit (Menü-Steuerung, Hilfefunktion) und Ausgabesteuerung (Reportgenerator). Für den betrieblichen Einsatz wichtig sind zudem Antworten auf die Fragen nach Datensicherung (Absturzgefahr), wozu die automatische Erstellung von Backup-Kopien oder die Verwaltung von Paßwörtern gehört.

Checkliste: Datenbank

Produktname

| Version: | ▓ | deutsch | ▓ | englisch |

Hardwarevoraussetzungen

Kategorie	▓ XT	▓ AT	▓ 386er	▓ 486er
Arbeitsspeicher				KB
Festplatte	Ja:	MB verfügbar	▓ Nein	
Grafikstandard	CGA	▓ Hercules	▓ EGA	▓ VGA
Maus empfohlen	Ja		▓ Nein	

Betriebssystem

Typ	▓ DOS	▓ OS/2	▓ UNIX
Version			

SAA-Konzept

| ▓ Ja | ▓ Nein |

Service

Installation	▓ Ja	▓ Nein
Dokumentation	deutsch	englisch
Hotline	Ja	Nein
Schulung	Ja	Nein

Einarbeitungsaufwand

| ▓ niedrig | ▓ mittel | ▓ hoch |

Anzahl gleichzeitig zu öffnender Dateien

Maximale Anzahl Datensätze pro Datei

Maximale Anzahl Felder pro Datensatz

Feldtypen

| ▓ Datum | ▓ Logisch | ▓ Numerisch | ▓ Zeichen | ▓ . . . |

Datenexport

| ▓ ASCII | ▓ dBASE | ▓ Lotus | ▓ . . . | ▓ Nein |

Datenimport

| ▓ ASCII | ▓ dBASE | ▓ Lotus | ▓ . . . | ▓ Nein |

Integrierte Programmiersprache

| ▓ Ja | ▓ Nein |

Sonstiges

Makrofunktionen	▓ Ja	▓ Nein
Maskengenerator	Ja	Nein
Reportgenerator	Ja	Nein
Sortieren/Indizieren	Ja	Nein
Verknüpfung von Dateien	Ja	Nein

SQL-fähig

| ▓ Ja | ▓ Nein |

Paßwortschutz

| ▓ nur Dateien | ▓ für Bereiche | ▓ Nein |

Preis

Datenbanksysteme				
Name	Vertrieb	aktuelle Version	Systeman-forderungen	Preis inkl. Mwst.
dBase	Ashton Tate	IV	minimal 640 KByte Arbeitsspei-cher	2.680,-DM*

Kurzbeschreibung:
dBase IV kann bis zu 1 Milliarde Datensätze verwalten. Dabei können 14 Dateien gleichzeitig geöffnet sein. Ein Satz kann maximal 4 KByte und 128 Datenfelder enthalten. Die Anzahl der Feldtypen beträgt fünf. Im Programm integriert sind ein Menügenerator, ein Maskengenerator, ein Reportgenerator und ein Programmgenerator. Die Programmiersprache ist der Standard bei PC-Datenbanken.

Name	Vertrieb	aktuelle Version	Systeman-forderungen	Preis inkl. Mwst.
R:Base	Microrim Hooldorp Niederlande		minimal 384 KByte Arbeitsspei-cher	1.665,-DM*

Kurzbeschreibung:
R:Base wird für verschiedene Betriebssysteme angeboten und ist SQL- und netzwerkfähig. R:Base unterscheidet sich von anderen Datenbanken durch die Vielzahl an mathematischen Funktionen. Vorteilhaft sind die schnellen Sortierfunktionen, nachteilig das Fehlen eines Boolschen Datentyps.

Name	Vertrieb	aktuelle Version	Systeman-forderungen	Preis inkl. Mwst.
Paradox	Heimsoeth/ Borland	3.0	minimal 640 KByte Arbeitsspei-cher	1.599,-DM*

Kurzbeschreibung:
Vorteile von Paradox sind die schnellen Sachfunktionen in indizierten Feldern sowie die komfortablen und schnellen Vernüpfungsfunktionen. Auch ist die Zahl der gleichzeitig zu öffnenden Dateien unbegrenzt. Nachteilig sind die umständlichen Installationen und die unübersichtliche Benutzeroberfläche.

Name	Vertrieb	aktuelle Version	Systeman-forderungen	Preis inkl. Mwst.
CLIPPER	NANTUCKET GmbH Leverkusen	5.0	minimal 512 KByte, DOS ab Version 3.1	2.730,-DM*

Kurzbeschreibung:
CLIPPER ist ein dbase-kompatibler Compiler. Der mitgelieferte Linker erlaubt die Erzeugung von Applikationen, die größer als der verfügbare Hauptspeicher sind. Zum Lieferumfang gehören unter anderem ein Programmeditor, ein Debugger sowie ein Online-Hilfesystem.

* Die angegebenen Preise sind Listpreise gemäß Herstellerangaben. Im Handel werden die aufgeführten Produkte teilweise erheblich günstiger angeboten!

5.4 Business Grafik

Gerade für den Personalbereich mit seinem ausgeprägten Berichtswesen setzt sich zunehmend die Erkenntnis durch, daß grafisch aufbereitete Zahlen deutlich an Aussagekraft gewinnen: Torten-, Linien- und Balkendiagramme reduzieren dabei die Komplexität selbst umfangreicher Zahlenwerke und erleichtern so deren Interpretation.

Die erhöhte Aussagekraft zeigt sich auch darin, daß grafisch dargestellte Daten schneller aufgenommen und besser verstanden werden sowie länger im Gedächtnis haften bleiben. Der Erinnerungs- und Erkennungswert bei Grafiken ist deutlich höher als bei geschriebenen Texten oder Zahlenkolonnen.

Besonders vier Formen von Datenpräsentationen haben sich durchgesetzt:
- *Liniendiagramme* stellen Zahlenfolgen in Form von Zeitreihen dar und machen dadurch historische Verläufe sichtbar.
- *Tortendiagramme* (*"pie-charts"*) stellen die Aufteilung speziell im Hinblick auf Anteilswerte dar. Diese Darstellungsform läßt sich zudem durch schraffierte Teilstücke beziehungsweise durch hervorgehobene Segmente gliedern.
- *Balkendiagramme* zeigen ebenfalls mengenmäßige Verteilungen. Ihre Aussagekraft steigt bei manchen Anwendungen durch Übereinanderlegen der Balken.

- *XY-Diagramme* schließlich eignen sich beispielsweise zur Darstellung von Alterspyramiden.

Hinzu kommen als weitere Präsentationsformen unter anderem 3-D-Darstellungen sowie die Verwendung von Symbolen als Grafikelemente.

Vergleicht man die beiden Darstellungsformen in der nachfolgenden Abbildung - Tabelle und Grafik - so spiegeln sie zwar den gleichen Sachverhalt wider, einen schnelleren Überblick erhält man jedoch bei der grafischen Darstellung.

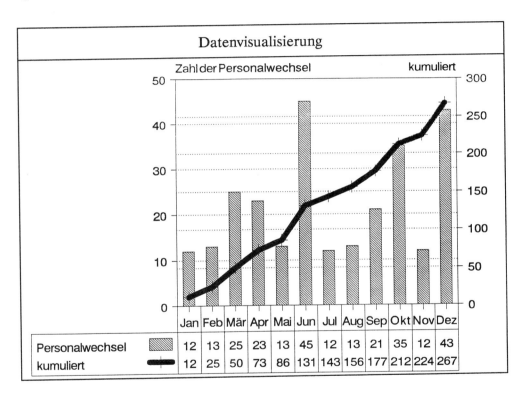

Bei allen Vorteilen der grafischen Datendarstellung soll aber auch ein wesentliches *Problem* nicht unerwähnt bleiben: Durch Hervorhebung, Farbzuordnung oder sonstige Aufbereitung ist es möglich, bestimmte Sachverhalte besonders in den Vordergrund zu rücken oder auch zu "verstecken", was unter Umständen zur Verschleierung unliebsamer Tatbestände dienen kann. Diese Möglichkeiten sollte man sich vor allem dann ins Gedächtnis rufen, wenn man selbst der Adressat von Business Grafiken ist.

Beispiele für Business Grafik

3-D-Balkendiagramm

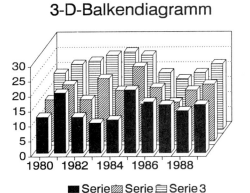

Balkendiagramm

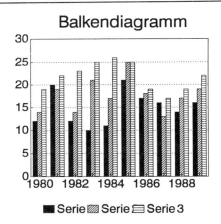

Erdölfördermengen
Liniendiagramm mit Symbolen

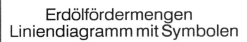

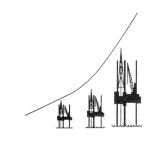

X-Y-Diagramm

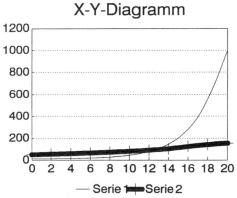

Liniendiagramm

Tortendiagramm

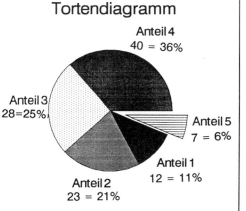

Ein zentraler Vorteil der Bildgestaltung mittels Business Grafiken besteht darin, daß die meisten Grafiksysteme die Übernahme von Zahlen zulassen, die in anderen Systemen erfaßt wurden. So läßt sich eine Zahlenmatrix aus einem Tabellenkalkulationsprogramm ebenso in ein Grafiksystem übertragen wie Datensätze aus einem Datenbanksystem.

Basierend auf diesen Werten laufen dann meist die gleichen vier Schritte ab:
(1) Zunächst werden die entsprechenden Zahlenbereiche für die Grafik definiert.
(2) Dann erfolgt die Bezeichnung für die Achsen beziehungsweise für einzelne Ausprägungen.
(3) Anschließend ist die Ausgabeform anzugeben (Farbgebung, Schraffur).
(4) Ein letzter Schritt besteht in der Größenfestlegung sowie der Definition von Überschriftszeilen.

Dasselbe Grundprinzip findet bei Tabellenkalkulationsprogrammen Anwendung, die (zumindest rudimentäre) Grafikausgaben anbieten, sowie bei "integrierten Programmen" (Abschnitt 5.5).

Bei der Beurteilung der Leistungsfähigkeit von Grafikprogrammen ist zu beachten, daß eine größere Funktionsvielfalt oft mit geringerer Benutzerfreundlichkeit einhergeht: "Mehr" bedeutet somit in diesem Fall nicht unbedingt "besser".

Checkliste: Business Grafik

Produktname									
Version:	☐	deutsch			☐	englisch			

Hardwarevoraussetzungen

Kategorie	☐	XT	☐	AT	☐	386er	☐	486er
Arbeitsspeicher								KB
Festplatte	☐	Ja:	MB verfügbar		☐	Nein		
Grafikstandard		CGA	☐	Hercules		EGA	☐	VGA
Maus empfohlen		Ja				Nein		

Betriebssystem

Typ	☐	DOS	☐	OS/2	☐	UNIX
Version						

SAA-Konzept

	☐	Ja		☐	Nein

Service

Installation	☐	Ja	☐	Nein
Dokumentation		deutsch		englisch
Hotline		Ja		Nein
Schulung		Ja		Nein

Einarbeitungsaufwand

☐	niedrig	☐	mittel	☐	hoch

Hilfefunktionen

☐	ohne	☐	Tutorial	☐	online	☐	situativ	☐	Querverweise

Bildverarbeitungsprinzip

☐	objektorientiert	☐	pixelorientiert

Diabelichtung

☐	Ja	☐	Nein

Diagrammvorlagen

☐	Ja	☐	Nein

Datenexport

☐	CGM	☐	EPS	☐	HPGL	☐	PCX	☐	...

Datenimport

☐	ASCII	☐	dBASE	☐	Lotus	☐	...	☐	Nein

Grafik

Typen	☐	Balken	☐	Flächen	☐	Kreis	☐	Linien
	☐	Text	☐	Wertpapier	☐	X-Y	☐	...
Darstellung	☐	2D	☐	3D	☐	Schatten	☐	Symbole	☐	...

Präsentationen

☐	Animation	☐	Spezialeffekte	☐	SlideShow	☐	...

Symbolbibliothek

☐	Ja	☐	Nein

Zeichenfunktionen

☐	Ja	☐	Nein

Preis

Business Grafik					
Name	Vertrieb	aktuelle Version	Systeman-forderungen	Preis inkl. Mwst.
GEM Graph	Digital Research	1.01	512 KByte, Maus, 2 Disketten-laufwerke	744,- DM*

Kurzbeschreibung:
GEM Graph ist in die grafische Benutzeroberfläche von GEM eingebunden. Daten können von Hand eingegeben oder aus Tabellenkalkulationsprogrammen übernommen werden. Besonderheiten von GEM Graph sind Landkarten- und Symboldiagramme. Grafiken aus GEM Graph können in GEM Draw weiter aufbereitet werden.

Name	Vertrieb	aktuelle Version	Systeman-forderungen	Preis inkl. Mwst.
Harvard Graphics	DAT Ratingen	2.3	512 KByte, Festplatte	1.600,-DM*

Kurzbeschreibung:
In der neuen Version von Harvard Graphics ist das grafische Editionsprogramm Draw Partner integriert worden. Auch sind die Möglichkeiten für Slide-Shows erweitert worden. Zudem sind Symboldiagramme erstellbar. In den Tabellen kann auch gerechnet werden. Harvard Graphics bietet umfangreiche Datenimport- und -exportmöglichkeiten.

Name	Vertrieb	aktuelle Version	Systeman-forderungen	Preis inkl. Mwst.
Charisma	Micrografix München		2 MByte, Windows 3.0, Maus, PC AT	1.590,-DM*

Kurzbeschreibung:
Charisma ist ein Präsentationsgrafikprogramm, das unter der grafischen Benutzeroberfläche MS-Windows läuft. Es besteht die Möglichkeit, Dateien aus Harvard Graphics direkt zu übernehmen. Schwerpunkt des Programms sind die umfangreichen Zeichen und Schriftoptionen sowie vielfältige Farbgebungsmöglichkeiten.

* Die angegebenen Preise sind Listenpreise gemäß Herstellerangaben. Im Handel werden die aufgeführten Produkte teilweise erheblich günstiger angeboten!

5.5 Integrierte Systeme

In vielen Fällen bietet es sich an, Textverarbeitung, Kalkulation und Datenbankauswertung miteinander zu verbinden. Dies gilt zum einen für das Erstellen von Berichten, die sich im Regelfall aus Textteilen, Zahlen und Tabellen sowie Abbildungen zusammensetzen; zum anderen müssen nicht selten Daten in andere Programme, also beispielsweise aus einem Tabellenkalkulationsprogramm in ein Grafik-Paket übertragen werden.

Zur Lösung derartiger Aufgabenstellungen eignet sich *integrierte Software*. Sie verbindet unter einer einheitlichen Benutzeroberfläche Textverarbeitung, Tabellenkalkulation, Grafik, Datenbanksystem und oft zumindest eine rudimentäre Form der Datenübertragung.

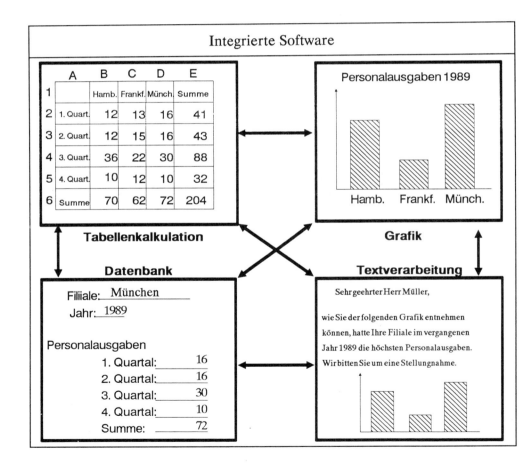

Wichtiges und charakteristisches Merkmal für das jeweilige "integrierte" Programm ist die zur Integration verwendete *Benutzeroberfläche*: Bei einigen Programmen (wie **SYMPHONY**) besteht diese aus Menüzeilen, die durch Funktionstasten aufzurufen sind. Andere Programme (wie **WORKS**) erlauben die Verwendung von Pull-Down-Menüs, was speziell bei der Unterstützung von Maus-Befehlen eine wesentliche Benutzerhilfe bietet.

SYMPHONY spricht besonders den fortgeschrittenen PC-Benutzer mit dominierendem Interesse an Tabellenkalkulation und/oder mit starkem Bedarf an Makro-Programmierung an. Wegen der Dominanz des Kalkulationsteiles startet **SYMPHONY** nach dem Laden auch sofort mit dem Kalkulationsblatt. Die Befehle sind in zwei Menüzeilen aufgeteilt, die sich durch F9 und F10 vertauschen lassen.

Die Fenstertechnik von **SYMPHONY** steigert Strukturiertheit und Übersichtlichkeit besonders bei umfangreichen Anwendungen: Unterschiedliche Teile des Arbeitsblattes lassen sich gleichzeitig auf dem Bildschirm positionieren. Der Benutzer kann Form und Lage der Fenster (auch überlappend) in beliebiger Form festlegen und das zu bearbeitende Fenster anwählen.

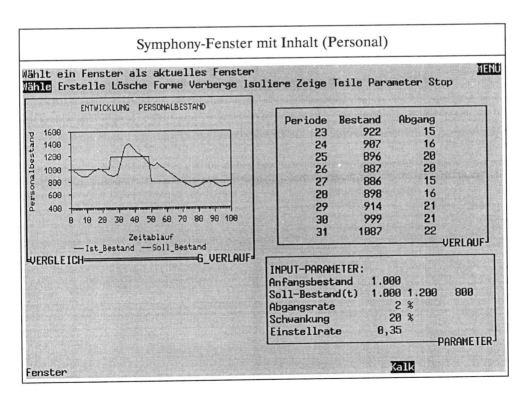

Für jeden der fünf *Funktionstypen* existiert ein eigener Fenstertyp mit spezifischen Menüreihen, nämlich
- BLATT für Tabellenkalkulation,
- TEXT für Textverarbeitung,
- GRAFIK für die Erstellung von Geschäftsgrafiken,
- MASKE für Datenbankanalysen und
- COMM für Datenübertragung.

Diese Funktionstypen lassen sich in eigenen Fenstern auch gleichzeitig auf dem Bildschirm anwählen, da sie sich immer auf dasselbe Kalkulationsblatt (Arbeitsblatt) beziehen.

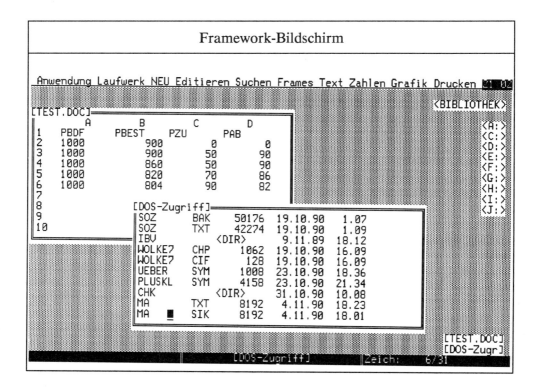

Framework-Bildschirm

Die Philosophie von **FRAMEWORK** basiert auf "Frames" (Rahmen): Ordner, die Daten oder weitere Frames enthalten. Bei Arbeitsbeginn kann entweder ein bestehender Frame geöffnet oder ein neuer angelegt werden. Es können jeweils mehrere Frames auf dem Bildschirm geöffnet werden, die auch unterschiedliche Anwendungen wie
- Textverarbeitung,
- Kalkulation,
- Datenbank und

- Grafiken
enthalten können.

Eine Stärke von **FRAMEWORK** ist das Datenbankmodul, das dBase-kompatible Datenbanken erzeugt und umfangreiche Befehle zur Datenmanipulation zur Verfügung stellt.

Die Kalkulation ist weniger leistungsfähig, reicht aber für kleinere bis mittlere Anwendungen aus. Sollen Grafiken erstellt werden, so müssen die zugrundeliegenden Zahlen im Kalkulationsframe als Block gekennzeichnet werden. In einem Pull-Down-Menü werden dann Grafiktyp und weitere Parameter festgelegt, woraufhin **FRAMEWORK** einen weiteren Frame, mit der Grafik als Inhalt, eröffnet.

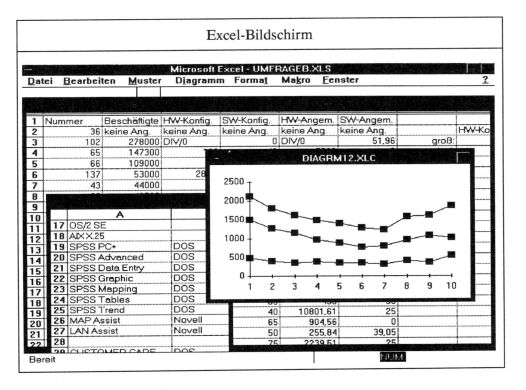

Microsoft **EXCEL** ist eine Tabellenkalkulation, die unter der grafischen Benutzeroberfläche **MS-WINDOWS** läuft. Dadurch stehen dem Benutzer alle Werkzeuge der Benutzeroberfläche, wie Maussteuerung, umfangreiche Fenstertechniken, WYSIWYG-Darstellung (What You See Is What You Get) und der dynamische Datenaustausch mit anderen **WINDOWS**-Programmen, zur Verfügung.

EXCEL bietet dem Anwender folgende Instrumente:
- Tabellenkalkulation,
- Präsentationsgrafik,
- in die Tabellenkalkulation integrierte Datenbankfunktionen,
- umfangreiche Makro-Programmiersprache.
Die Einarbeitung in **EXCEL** wird erleichtert durch die grafische Benutzeroberfläche und ein umfangreiches Tutorial-Programm sowie umfassende Hilfefunktionen. Daten aus anderen Tabellenkalkulationen können übernommen werden. Das gleiche gilt für dBase- und ASCII-Dateien.

EXCEL hat den Nachteil aller **WINDOWS**-Applikationen: eine relativ langsame Bearbeitungsgeschwindigkeit. Um mit **EXCEL** sinnvoll arbeiten zu können, ist mindestens ein AT-kompatibler Rechner mit 12 MHz Taktfrequenz zu empfehlen. Ebenfalls sollte der Arbeitsspeicher mehr als 640 KByte betragen. Da **WINDOWS** Daten häufig auf die Festplatte auslagert, ist ebenfalls eine schnelle Festplatte zu empfehlen. **EXCEL** wird auch für den **Apple MacIntosh** sowie für den Presentation Manager unter OS/2 angeboten.

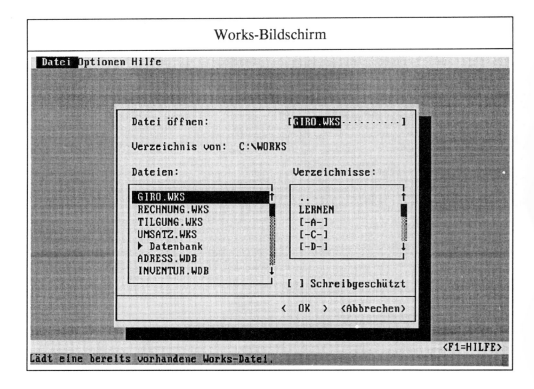

MS-WORKS ist aus mehreren Gründen ebenfalls ein interessantes Produkt: Zum einen enthält die Benutzeroberfläche bereits Elemente von **MS-WINDOWS** - vermutlich dem zukünftigen Standard bei Benutzeroberflächen - sowie vom **MS-DOS-Manager**. Hinzu kommen Pull-Down-Menüs und Maussteuerung. Zum anderen ist **WORKS** bei einigen Rechnern "im Preis inbegriffen", was zusätzlich zu seiner Verbreitung beitragen dürfte.

Nach dem Starten des Programms hat der Benutzer die Auswahl zwischen den vier *Grundfunktionen*
- Textverarbeitung,
- Tabellenkalkulation,
- Datenbank und
- Datenübertragung.

Die Textverarbeitung zeichnet sich insbesondere durch eine Fülle von Möglichkeiten zur Textgestaltung aus, die mit einer Vielzahl von Druckern gekoppelt werden können. So impliziert die Anwahl des Druckers beispielsweise automatisch ein weiteres Menü, das alle zur Zeit für diesen Drucker ladbaren Schriftarten mit ihren unterschiedlichen Schriftformen (kursiv, fett...) sowie Schriftgrößen angibt.

Der Tabellenkalkulationsteil von **WORKS** erlaubt anders als bei **SYMPHONY** nur die Einteilung in maximal zwei Fenster, die sich darüber hinaus auch nicht (überlappend) verschieben lassen. Die aus dem Tabellenkalkulationsteil generierbare Grafik läßt sich in den Textteil einbinden, allerdings wegen der zeichenorientierten Darstellungsform lediglich über den Namen der Grafik. Der Datenbankteil entspricht dem üblichen Standard von integrierten Paketen.

Die Frage nach der generell zu wählenden integrierten Software ist nicht zu beantworten: Eine Antwort ergibt sich allenfalls durch Berücksichtigung der Anforderungen und des subjektiven Eindrucks des Benutzers beim Umgang mit dem betreffenden Software-Paket. Die Entscheidung, ob überhaupt der Einsatz eines integrierten Paketes im Einzelfall sinnvoll ist, hängt auch vom geplanten Einsatzbereich ab: Sind beispielsweise ausschließlich Datenbankoperationen vorgesehen, dürfte ein "reines" Datenbanksystem schneller und komfortabler arbeiten.

Besonders vorteilhaft erscheint der Einsatz integrierter Programme speziell bei umfangreichen Berichten, die aus Kalkulations-, Text- und Grafikteilen bestehen, da hier sämtliche Operationen aus einer einzigen Oberfläche heraus gestaltbar sind: Mehrfacheingaben von Daten sowie Datenkonvertierungen entfallen demnach bei derartigen Systemen.

Die Kriterien für integrierte Pakete ergeben sich aus den bereits zuvor diskutierten Kriterien für die Einzelmodule:
o Beim *Tabellenkalkulationsteil* ist die Größe des Rechenblattes ein zentrales Merkmal. Hinzu kommt die Anzahl und die Adäquanz der zur Verfügung gestellten Funktionsaufrufe und die Möglichkeit zur Makro-Programmierung.
o Beim *Datenbankteil* spielt wieder die Zahl der maximalen speicherbaren Datensätze und die Zahl sowie die Größe der Felder pro Datensatz eine entscheidende Rolle. Hinzu kommt der Komfort des Datenbanksystems, speziell bei der Gestaltung von Abfragen.
o Im Bereich der *Grafikausgaben* interessieren Art und Anzahl der zur Verfügung stehenden Grafiken sowie die Möglichkeiten zu ihrer Aufbereitung.
o Beim *Textverarbeitungsteil* ist die Existenz von unterschiedlichen Druckertreibern sowie gegebenenfalls die Möglichkeit der Rechtschreibprüfung von besonderer Bedeutung. Ferner unterscheiden sich die Systeme in der Möglichkeit, Tabellenkalkulationsteile und Grafiken in den Text einzubinden beziehungsweise auf Datenbanken zuzugreifen.
o Bei der *Kommunikation* ist der Komfort und die Übersichtlichkeit bei der Auswahl von Kommunikationsweg und Kommunikationsform ein wichtiges Kriterium.

Checkliste: Integrierte Programme

Produktname
Version:	� deutsch		▪ englisch	

Hardwarevoraussetzungen
Kategorie	▪ XT	▪ AT	▪ 386er	▪ 486er
Arbeitsspeicher				KB
Festplatte	Ja: ____ MB verfügbar		▪ Nein	
Grafikstandard	▪ CGA	▪ Hercules	▪ EGA	▪ VGA
Maus empfohlen	▪ Ja		▪ Nein	

Betriebssystem
Typ	▪ DOS	▪ OS/2	▪ UNIX
Version			

SAA-Konzept
▪ Ja	▪ Nein

Service
Installation	▪ Ja	▪ Nein
Dokumentation	deutsch	englisch
Hotline	▪ Ja	▪ Nein
Schulung	▪ Ja	▪ Nein

Einarbeitungsaufwand
▪ niedrig	▪ mittel	▪ hoch

Hilfefunktionen
▪ ohne	▪ Tutorial	▪ on line	▪ situativ	▪ Querverweise

Textverarbeitung
Grafikübernahme	▪ Ja	▪ Nein
max. Textgröße		KB
Rechtschreibhilfe	▪ Ja	▪ Nein
Serienbrieffunktion	▪ Ja	▪ Nein
Trennhilfe	▪ Ja	▪ Nein

Tabellenkalkulation
Funktionsumfang	mathematische	▪ Anzahl:
	statistische	▪ Anzahl:
	finanzmathematische	▪ Anzahl:
	Text	▪ Anzahl:
Max. Spaltenanzahl		
Max. Zeilenanzahl		
Max. Feldlänge		

Grafik
Typen	▪ Balken	▪ Flächen	▪ Kreis	▪ Linien
	▪ Text	▪ Wertpapier	▪ X-Y	...

Datenbank
Max. Anzahl Felder pro Datensatz	▪	
Max. Anzahl Datensätze pro Datei		
Sortieren/Indizieren	▪ Ja	▪ Nein

Sonstiges
Makrofunktionen	▪ Ja		▪ Nein	
Layoutkontrolle	▪ Ja		▪ Nein	
Datenexport	▪ ASCII	▪ dBASE	▪ Lotus	▪ ...	▪ Nein
Datenimport	▪ ASCII	▪ dBASE	▪ Lotus	▪ ...	▪ Nein
Anzahl gleichzeitig zu öffnender Dateien	▪			

Preis

Integrierte Systeme				
Name	**Vertrieb**	**aktuelle Version**	**Arbeits-speicher min.**	**Preis inkl. Mwst.**
Symphony	Lotus	2.2	384 KByte	2.160,-DM*

Kurzbeschreibung:
Der Kern des Programmes ist die Tabellenkalkulation mit Grafik, ähnlich dem Kalkulationsprogramm Lotus 1-2-3. Die anderen Programmteile sind auf die Tabellenkalkulation aufgesetzt und weniger umfassend. Die vorhandenen Module sind Textverarbeitung, Datenbank, Kalkulation, Grafik und Datenfernübertragung.

Name	**Vertrieb**	**aktuelle Version**	**Arbeits-speicher min.**	**Preis inkl. Mwst.**
Framework	Ashton Tate	III	640 KByte	2.150,-DM*

Kurzbeschreibung:
Framework ist ein stark fensterorientiertes (Frames) Programm. Textverarbeitung und Datenbank sind eigenständige Module, die im Vergleich zu Symphony leistungsfähiger sind. Die Module: Textverarbeitung, Datenbank, Kalkulation, Grafik und Datenfernübertragung.

Name	**Vertrieb**	**aktuelle Version**	**Systeman-forderungen**	**Preis inkl. Mwst.**
Excel	Microsoft	2.1	minimal 640 KByte Arbeitsspeicher	1.490,-DM*

Kurzbeschreibung:
Excel läuft unter der grafischen Benutzeroberfläche Windows und dem OS/2 Presentation Manager. Die Stärken des Programms liegen in der leichten Bedienbarkeit, der umfangreichen Makrosprache und der Vielzahl von Funktionen. Es läßt sich ein Datenimport und -export zu den gängigsten Kalkulations- und Datenbankprogrammen durchführen. Ein Nachteil von MS-Excel ist der große Hauptspeicherbedarf.

Integrierte Systeme				
Name	Vertrieb	aktuelle Version	Arbeits-speicher min.	Preis inkl. Mwst.
Works	Microsoft	2.0	384 KByte	875,- DM*

Kurzbeschreibung:
Works ist ein einfaches integriertes Programm, das nach dem SAA-Prinzip aufgebaut ist. Seine Stärken liegen in der Textverarbeitung und in der leichten Übertragbarkeit von Daten von einem Modul in einen anderen. Works beinhaltet die Programmteile Textverarbeitung, Datenbank, Kalkulation, Grafik und Datenfernübertragung.

Name	Vertrieb	aktuelle Version	Arbeits-speicher min.	Preis inkl. Mwst.
SMART	Informix Software	II	512 KByte	2.845,-DM*

Kurzbeschreibung:
SMART läuft unter verschiedenen Betriebssystemen: MS-DOS, UNIX, SCOUNIX (XENIX) und anderen. Es besteht aus selbständigen und umfangreichen Programmteilen, was zuweilen den schnellen Wechsel zwischen Moduln erschwert. SMART besitzt die Module Textverarbeitung, Datenbank, Kalkulation und Datenfernübertragung.

Name	Vertrieb	aktuelle Version	Arbeits-speicher min.	Preis inkl. Mwst.
OPEN ACCESS III	SPI 8000 München	3	384 KByte	2.917,-DM*

Der Schwerpunkt von OPEN ACCESS III liegt in Datenaustausch, Datenanalyse und Datenaufbereitung. Schnittstellen zu SQL und der Client-Server-Architektur sind vorhanden. Die Kalkulation sowie die Textverarbeitung besitzen die für derartige Programme üblichen Leistungsmerkmale. Der Präsentationsgrafikteil bietet im Gegensatz zu anderen Programmen die Möglichkeit, 3-D-Grafiken zu erstellen.

* Die angegebenen Preise sind Listenpreise gemäß Herstellerangaben. Im Handel werden die aufgeführten Produkte teilweise erheblich günstiger angeboten!

6 Personalbereichsspezifische Software

Die in den vorangegangenen Abschnitten vorgestellte Standardsoftware zeichnet sich durch universelle Einsetzbarkeit aus und eignet sich damit auch für Fragestellungen der betrieblichen Personalarbeit. Sämtliche Produkte sind jedoch "leere" Gerüste, die mit entsprechender Struktur und mit entsprechenden Daten zu füllen sind. Personalbereichsspezifische Software geht einen Schritt weiter; sie liefert bereits die Grundstruktur, die nur noch mit betriebsindividuellen Daten zu ergänzen ist[*].

Software-Angebote im Personalbereich
o Zeiterfassung
o Betriebliches Vorschlagswesen
o Bewerberverwaltung
o Lohn und Gehalt
o Reisekosten- und Spesenabrechnung
o Ausbildungs- und karriereplanung
o Führungskräfte-Fortbildung (Unternehmensplanspiel)
o Analyse der Unternehmenskultur

6.1 Zeiterfassung

Durch den Übergang vom Stundenlohn zum Anwesenheitslohn und mit der Abschaffung von Stempeluhren schien die Erfassung der Anwesenheitszeiten von Mitarbeitern an Bedeutung zu verlieren. Drei Entwicklungen führten allerdings zu einer Renaissance von Zeiterfassungssystemen:
- die zunehmende Verbreitung von Gleitzeitsystemen mit der daraus resultierenden Notwendigkeit zur Erfassung von Arbeitszeiten,
- die tarifvertraglich geregelte Verkürzung der Wochenarbeitszeit in Form diverser Arbeitszeitmodelle und
- die Prozeßautomation, die eine permanente Besetzung von betrieblichen Schlüsselstellen erfordert.

---

[*] Die nachfolgenden Ausführungen basieren auf dem Forschungsprojekt PSEARCH der Universität des Saarlandes, das einen aktuellen Überblick zum Angebot personalbereichsspezifischer Software liefert.

Zeiterfassungssysteme können zum einen *betriebsbezogen* implementiert werden: Sie haben dann die Aufgabe, den jeweils aktuellen Mitarbeiterbestand sowie die jeweiligen Arbeitszeitkonten zu erfassen.

Zeiterfassungssysteme bieten sich bei zunehmender Prozeßautomation zum anderen auch *arbeitsplatzbezogen* an: Dies bedeutet, daß bei einer Echtzeiterfassung der Mitarbeiteranwesenheit durch eine entsprechende Kopplung mit der Personaleinsatzplanung geprüft werden kann, ob die erforderliche Mindestbesetzungszahl der jeweiligen Tätigkeitsbereiche erfüllt ist. Hierfür gibt es verschiedene Ausbaustufen:

o Im einfachsten Fall berichtet das System als Ist-Analyse, welche Belegungszahl der einzelnen Arbeitsplätze beispielsweise in den Tätigkeitsbereichen erreicht worden ist. Durch den daran anschließenden, nicht computerunterstützten Vergleich mit Soll-Vorgaben der Arbeitsvorbereitung wird ersichtlich, an welchen Stellen zu Schichtbeginn noch nicht die erforderliche Belegschaftsstärke erreicht ist.

o Wird von der Arbeitsvorbereitung die tages- und schichtbezogene Abwicklung des Arbeitsprogrammes ebenfalls computerunterstützt vorgenommen, so bietet sich eine weitere Ausbaustufe des computergestützten Personaleinsatzmanagements in Form der automatischen Soll/Ist-Analyse an. Hierzu werden laufend die von der Arbeitsvorbereitung ermittelten Soll-Belegungszahlen mit den durch die Zeiterfassung bekannten Ist-Anwesenheitszeiten verglichen. Damit läßt sich überprüfen, ob tatsächlich alle Arbeitsplätze mit der für den Betriebsablauf notwendigen Mindestbelegungszahl besetzt sind.

o In der nächsten Ausbaustufe generiert ein derartiges System auch Vorschläge zur Reaktion auf eine Soll-Ist-Abweichung. Diese müssen allerdings auch berücksichtigen, daß Mitarbeiter nicht zu häufig wechseln wollen und nur Stellen vorgeschlagen werden, für die ihre fachliche Eignung ausreicht. Dies impliziert, daß im System
  - die Anforderungsprofile der jeweiligen Stellen und
  - die Fähigkeitsprofile der jeweiligen Mitarbeiter bezüglich der relevanten Merkmale

strukturgleich gespeichert sind.
Die vom System vorgeschlagene Dispositionsmöglichkeit kann
  - als Grundlage für eine "menschliche" Entscheidung dienen, oder aber
  - bei einem vollautomatisierten Personaleinsatzmanagement direkt den Mitarbeitern am Arbeitsplatz beziehungsweise den jeweiligen Schichtführern übermittelt werden.

Ein betriebsbezogen implementiertes Zeiterfassungsprogramm beinhaltet üblicherweise auch die Erfassung von Urlaub, freien Tagen, Krankheits- und Arbeitstagen. Der Personal Computer ermittelt zudem die monatlich verbleibende Soll-Arbeitszeit anhand der bereits geleisteten täglichen Stundensollzeit, die Mehrarbeit in Stunden und Tagen sowie den verbleibenden Resturlaub.

Die Datenerfassung erfolgt mittels Zeiterfassungs-Terminals, die eventuell vorhandene Stempelautomaten ersetzen. Die Terminals registrieren minutengenau das Kommen und Gehen der Mitarbeiter im Unternehmen. Jeder Mitarbeiter erhält hierzu einen Ausweis im Scheckkartenformat. Durch die Kodierung des Ausweises ist die Karte einem System, dem Unternehmen sowie der Person zugeordnet. Dem Mitarbeiter sollte möglichst akustisch und optisch mitgeteilt werden, ob die Zeitbuchung ordnungsgemäß vom Terminal übernommen und gespeichert wurde. Zur Information kann auf dem Display auch der aktuelle Zeitsaldo erscheinen. Darüber hinaus sind Abwesenheitsbegründungen bei Verspätungen, bei Unterbrechungen oder bei zu frühem Gehen durch Eingaben über die Tastatur denkbar. Diese Texteingabe erfolgt als Auswahl aus verschiedenen vorgegebenen Standardmodulen.

Die in den einzelnen Zeiterfassungs-Terminals gespeicherten Daten werden zu bestimmten Zeitpunkten von einem Personal Computer übernommen und ausgewertet. Die Aufbereitung der gesammelten Daten ermöglicht die Beantwortung verschiedener Fragestellungen im Hinblick auf einzelne Mitarbeiter, beispielsweise bezogen auf Anwesenheitszeit pro Tag, Überstunden oder bestimmte Zuschläge. Die Ausgabe der Ergebnisse erfolgt abschließend auf dem Bildschirm, oder einem Drucker beziehungsweise in eine Datei.

Neben standardisierten Grundelementen haben Zeiterfassungssysteme eine Vielzahl betriebsspezifischer Besonderheiten zu berücksichtigen. Dies betrifft nicht nur die Umsetzung der verschiedenen Arbeitszeitregelungen, sondern auch die unterschiedlichen Behandlungen von Mehrarbeitsstunden. Gleiches gilt für die Berechnung des Entgelts im Urlaub beziehungsweise im Krankheitsfall. Dementsprechend sind drei Phasen der Anwendung standardisierter Zeiterfassungssysteme zu unterscheiden:

o Die *Systeminitialisierung/Systemänderung* erfordert die Eingabe spezifischer Schichtdaten, Urlaubsdaten, Zuschlagsstaffeln und sonstiger Regelungsdaten. Da diesbezügliche Änderungen im Zeitablauf üblich sind, muß neben der Neuaufnahme auch die Änderung und Löschung von Initialisierungen möglich sein.

o Die *Systemanwendung* beinhaltet die eigentliche Datenerfassung. Hier sollten mindestens vier Optionen wählbar sein, nämlich Arbeitsbeginn ("kommt"), Arbeitsende ("geht"), Urlaub und Krankheit.

o Die der Systemanwendung nachfolgende *Systemauswertung* führt über mitarbeiterindividuelle Informationen (Zeitsaldo etc.) hinaus zu unternehmensweiten Auswertungen, wie Fehlzeitenstatistiken oder auch Urlaubsstatistiken.

Anwendungsbeispiel: TIME90

Nachfolgend soll die PC-gestützte Zeiterfassung anhand des Arbeitszeitverwaltungsprogrammes **TIME90** verdeutlicht werden. **TIME90** ist ein Personalzeitorganisations- und -abrechnungssystem mit Übergabe des monatlichen Betriebskalenders (Betriebsurlaub) an den Personalstamm. Das Programm beinhaltet die Erfassung von Urlaub, freien Tagen, Krankheits- und Arbeitstagen. Zudem ermöglicht es die Eintragung der täglich wechselnden Arbeitszeit sowie Barabgeltung von Mehrarbeitsstunden und Urlaub. **TIME90** erstellt die monatlichen Abrechnungen für jeden Mitarbeiter getrennt sowie abteilungsbezogen.

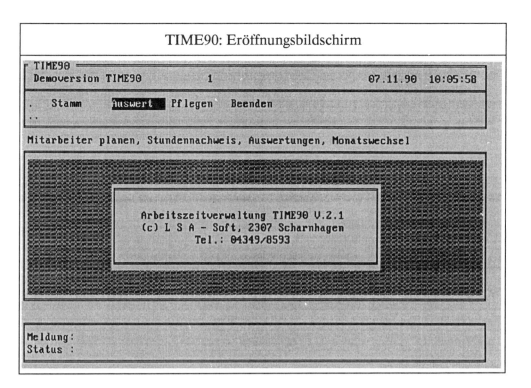

TIME90: Eröffnungsbildschirm

Ein Programm ist anwählbar, indem der Leuchtbalken mit den Cursortasten auf das gewünschte Feld positioniert und bestätigt wird. Die Eingabefelder sind durch eine invertierte Darstellung gekennzeichnet, die zugleich die maximale Eingabelänge angibt. Alle Datenerfassungen im Programm müssen zur Kontrolle mit der Eingabetaste bestätigt werden. Fehlermeldungen werden in der unteren Bildschirmhälfte angezeigt und sind mit einer beliebigen Taste zu quittieren. Anschließend erfolgt die Korrektur der fehlerhaften Eingaben.

```
┌─ TIME90 ──────────────────────────────────────────────────┐
│ Demoversion TIME90           1              07.11.90 10:05:58 │
│  . Stamm    Auswert  Pflegen  Beenden                     │
│  .. Kalend  Neu      Ändern  Gesamt  Monat  Beleg.  Art  Ende │
│                                                            │
│ neue MitarbeiterInnen erfassen                            │
│                                                            │
│  Nummer_(F10)=ENDE: 0003                                   │
│                                                            │
│  Name_____      :                                       │
│  Vorname_____     :                                       │
│                                                            │
│  Gruppe_____     :                                       │
│  Arbeitszeit__     :                                       │
│  Beginn Monat__    :                                       │
│  Urlaubsanspruch__ :                                       │
│  erhaltener Urlaub:                                        │
│                                                            │
│                                                            │
│ Meldung:                                                   │
│ Status : letzter Satz  0002       höchster Satz  0002     │
└────────────────────────────────────────────────────────────┘
```

Das Teilprogramm *Stamm* des Arbeitszeitverwaltungssystems **TIME90** beinhaltet die in der zweiten Zeile wählbaren Optionen.

Im einzelnen sind dies die folgenden Bearbeitungsfunktionen:
- *Kalend*: Bearbeitung des Betriebskalenders;
- *Neu*: Erfassung neuer Mitarbeiter über dieses Programm;
- *Ändern*: Änderungen des Mitarbeiternamens, der Gruppe oder der Arbeitszeit;
- *Gesamt*: Veränderung der Jahresstatistik einzelner Mitarbeiter nach Eingabe eines Paßwortes;
- *Monat*: Veränderung der Monatsstatistik einzelner Mitarbeiter;
- *Beleg*: Anzeige der Dateibelegung mit der Angabe über Anzahl der vorhandenen und gelöschten Sätze;
- *Art*: Möglichkeit zur Hinterlegung jeweils eines Zeichens für eine Dienstart pro Tag. Hier ist die Erfassung von Volltexten für die einzelnen Dienstarten möglich;
- *Ende*: Beendigung dieses Unterprogrammes und Aufruf des Hauptprogrammes.

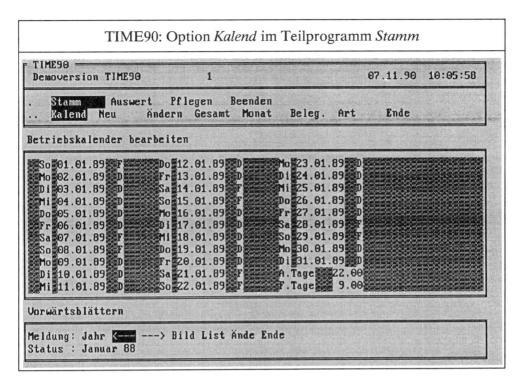

Zu Beginn des Teilprogrammes *Stamm* ist über die Option *Kalend* der Betriebskalender einzurichten. Für jeden Kalendertag kann die Arbeitsart D (Dienst-Tag), F (freier Tag) oder U (betrieblich bedingter Urlaubstag) eingegeben werden. Nach Einrichtung des Betriebskalenders erfolgt automatisch die Übertragung in alle Mitarbeiterdateien als Sollarbeitszeit in Abhängigkeit von der persönlichen Tagesarbeitszeit.

Die Option *Gesamt* ermöglicht die Veränderung einzelner Jahresstatistikwerte unter Umgehung der nur durch Rechenläufe ermittelten Statistikwerte. Diese Option ist nur nach Eingabe eines Paßwortes zugänglich und ausschließlich für Ausnahmefälle bestimmt. Ähnliches gilt für die Option *Monat*.

```
                    TIME90: Teilprogramm Auswertung
  ┌ TIME90 ─────────────────────────────────────────────────────────
  │  Demoversion TIME90           1                05.11.90  14:20:23
  │  .   Stamm    Auswert  Pflegen   Beenden
  │  ..  Mitarbeit Nachweis  Kumulier  Einzelmon Abgeltung Wechsel    Beenden
  │ materielle Abgeltung (Abgeltung Mehrarbeit/Urlaub) erfassen
  │
  │    Nummer_/Monat____ :                    (F10=Ende)
  │
  │    Name_____ :
  │    Vorname_____ :
  │
  │    Stundenabgeltung_:
  │    Urlaubsabgeltung_:
  │    Bemerkung:
  │
  │
  │ Drucker einschalten - weiter mit einer beliebigen Taste - (Q) = Abbruch
  │ Meldung: Abgeltungserfassungsprogramm starten ?  OK   Ende
  └──────────────────────────────────────────────────────────────────
```

Das zweite Teilprogramm des Arbeitszeitverwaltungssystems **TIME90**, *Auswertung*, umfaßt die in dem Untermenü in der zweiten Zeile dargestellten Funktionen.

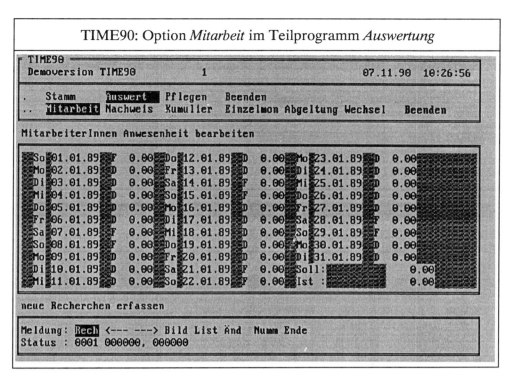

TIME90: Option *Mitarbeit* im Teilprogramm *Auswertung*

Die Funktion *Mitarbeit* erlaubt die Erfassung einzelner Kalendertage sowie Arbeits-, Krankheits- und Urlaubstage mit den jeweiligen Arbeitsstunden.

Nachweis dient zur Darstellung der ermittelten Soll- und Ist-Arbeitszeit für den einzelnen Mitarbeiter. Die Dienstartkurzbezeichnung wird als Volltext ausgedruckt. Nach Anwahl des Programmes erscheint der Mitarbeiter mit der Nr. 1 immer mit Darstellung der einzelnen Tage sowie der Soll- und Ist-Arbeitszeit.

Die Option *Kumulier* innerhalb des Teilprogrammes *Auswertung* bietet die Möglichkeit, aufbauend auf den Monatswechseln die Jahreswerte in übersichtlicher Form darzustellen. Es werden die Stammdaten und Ergebnisfelder für den Urlaub und die Arbeitszeit angezeigt und wahlweise ausgedruckt.

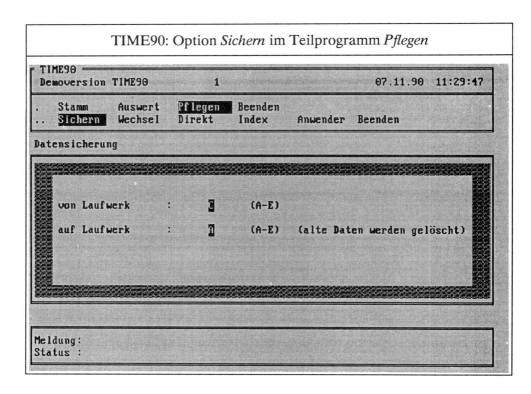

Das dritte und letzte Teilprogramm von **TIME90**, *Pflegen*, dient zur Datensicherung, zur Vorbereitung für neue Abrechnungsjahre, zur Dateibelegung, zur Reorganisation der Datenbestände sowie zur Änderung der Firmenangaben. Bei Wahl des Untermenüs *Sichern* erfolgt zunächst die Abfrage, von welchem Laufwerk kopiert werden soll und auf welches Laufwerk die Kopie erfolgen soll. Quell- und Ziellaufwerk dürfen nicht identisch sein. Eine Sicherheitsabfrage vor dem Kopierablauf ermöglicht gegebenenfalls den Abbruch des Sicherns.

Die Option *Wechsel* dient zur Erfassung neuer Betriebskalender. Zunächst ist hierzu ein Jahreswechsel durchzuführen, nachdem für alle Mitarbeiter die Monatswechsel vollzogen sind. Gegebenenfalls wird darauf hingewiesen, bei welchen Mitarbeitern bestimmte Jahreswechsel noch ausstehen. Die statistischen Daten werden daraufhin ebenso gelöscht wie die (alten) Betriebskalendermonate. Gegebenenfalls erfolgt der Übertrag der Urlaubs- und Zeitwerte auf das neue Jahr. Das Firmenjahr erhöht sich um eins. Der Monatseintrag für den Januar wird auf Null gesetzt.

Die Option *Direkt* vermittelt einen Einblick über die auf der Diskette oder Festplatte gespeicherten Dateien. Es erfolgt die Anzeige des Inhaltsverzeichnisses desjenigen Laufwerks, welches vorher durch die Eingabe eines Buchstabens gewünscht wurde.

Resümee

Im Hinblick auf die zunehmende Verbreitung von Gleitzeitsystemen, die Fülle neuer Arbeitszeitmodelle und die Prozeßautomation mit ihrer Notwendigkeit einer permanenten Besetzung der betrieblichen Schlüsselstellungen steigt die Bedeutung von Zeiterfassungssystemen stetig. Aufgrund dieser Datenerfassungs- und -auswertungsnotwendigkeit ist der Personal Computer hier ein effizientes Werkzeug zur Arbeitserleichterung in der Personalabteilung. Sensible Mitarbeiterdaten sind nicht betroffen.

PC-gestützte Zeiterfassungssysteme ermöglichen nicht nur Auswertungen und Statistiken bezüglich der Mitarbeiter-Anwesenheitszeiten. Sie können auch als Vorstufe zur Lohn- und Gehaltsabrechnung im Rahmen des Personalkostenmanagements dienen, indem die Ergebnisse der Zeiterfassung der Lohn- und Gehaltsabrechnung als Basis übergeben werden.

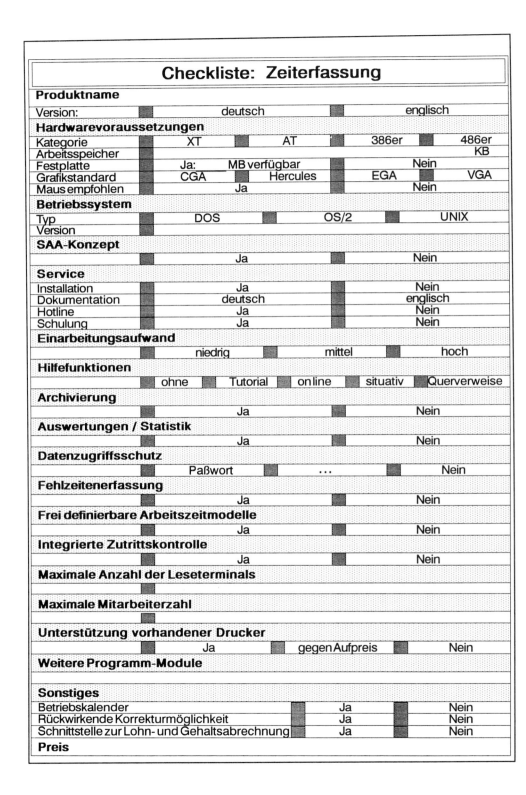

Zeiterfassungssysteme				
Name	Vertrieb	aktuelle Version	Systeman-forderungen	Preis inkl. Mwst.
HC Personal-zeit	Huber Computer 8943 Baben-hausen		360 KB Hauptspeicher Laufwerk mit 1.2 MB Festplatte mind. 20 MB	5.678,-DM

Kurzbeschreibung:
Personalzeitabrechnungssystem mit automatischer Verarbeitung der Kommt-Geht-Erfassung. Berücksichtigung individueller Betriebsvereinbarungen. Verschiedene Methoden der Gleitzeitverwaltung, Erstellung der Monatsabrechnung pro Person mit Lohnarten pro Tag und Gesamtmonat, Personalanwesenheits- und Fehlzeitstatistik.

Name	Vertrieb	aktuelle Version	Systeman-forderungen	Preis inkl. Mwst.
PC-Zeit	Mikrotron GmbH 8057 Eching	5.001	512 KB Hauptspeicher MS-DOS ab Version 2.2 Festplatte 10 MB	3.163,-DM

Kurzbeschreibung:
System zur Erfassung und Auswertung von Anwesenheitszeit und Auftragszeit. Berücksichtigung von Pausen, Gleitzeit, Urlaub etc. Laufender Datenabruf von den Ausweislesern. Anzeige des aktuellen Zeitsaldos bei jeder Buchung, Korrekturmöglichkeit bei Fehlbuchungen. Der o.g. Preis bezieht sich auf die Basissoftware, die maximal 50 Mitarbeiter verwaltet.

Name	Vertrieb	aktuelle Version	Systeman-forderungen	Preis inkl. Mwst.
Interflex 5000	Interflex Datensysteme 6800 Mann-heim	2.13A	640 KB Hauptspeicher MS-DOS ab Version 3.2 Festplatte	5.415,-DM

Kurzbeschreibung:
Leistungsmerkmale: Monatsjournal in wunschgemäßer Zusammenstellung, Kontenabfrage und Fehlgrundeingabe an den Terminals, automatische Nachverrechnung. Erfassung der Abwesenheiten. Erweiterungsmöglichkeit für die Zutrittskontrolle und Auftragszeiterfassung. Der Preis bezieht sich auf die Version, die bis zu 50 Mitarbeiter im Single-User-Betrieb verwaltet.

6.2 Betriebliches Vorschlagswesen

Betriebliches Vorschlagswesen ist aktive Mitgestaltung des Betriebsgeschehens durch die Mitarbeiter. Üblicherweise wird für einen Verbesserungsvorschlag bei Erfüllung bestimmter Voraussetzungen eine Prämie bezahlt. Die Möglichkeit, Verbesserungsvorschläge einreichen zu können, soll die Kreativität aller Mitarbeiter fördern und im günstigsten Falle ein ständiges Hinterfragen der betrieblichen Abläufe im Hinblick auf deren Effizienz und Effektivität bewirken: Das betriebliche Vorschlagswesen ist insofern ein wichtiges Instrument, als die Umsetzung von Verbesserungsvorschlägen in der Regel zu einer Erhöhung der Fertigungsqualität, Vereinfachung der Arbeitsabläufe, Materialersparnis oder auch Anlagenverbesserung führt. Durchaus gleichwertige Bedeutung können Verbesserungsvorschläge haben, die sich beispielsweise auf Aspekte der Arbeitssicherheit, des Umweltschutzes, der Unfallverhütung oder auch der Prestigesteigerung beziehen.

Grundsätzlich soll ein Verbesserungsvorschlag verschiedenen Anforderungen genügen:
- Er sollte konkret beschreiben, was verbesserungswürdig ist und welche Verbesserungen im einzelnen vorgenommen werden könnten.
- Er sollte für den angesprochenen betrieblichen Bereich eine nutzbringende Neuerung darstellen.
- Er wird im allgemeinen mit einer Prämie verbunden, wenn er als eine über den Rahmen des Arbeitsvertrages hinausgehende freiwillige Sonderleistung anzusehen ist. Er sollte somit nicht unmittelbares Arbeitsergebnis der zugewiesenen Stellenaufgabe sein.

Schwierig gestaltet sich die Messung der Effizienz des betrieblichen Vorschlagswesens. Vordergründig lassen sich hierfür Indikatoren wie die Beteiligungs-, Annahme- und Durchführungsquoten oder die ausgezahlten Prämien für Verbesserungsvorschläge anführen. Auch sind Kosten-Nutzen-Relationen denkbar, die beispielsweise das Verhältnis von Einsparungen zu ausgezahlten Prämien beinhalten. Sehr viel schwieriger zu erfassen, aber in ihrer Bedeutung sicherlich nicht weniger wichtig, sind Indikatoren, die sich nicht ohne weiteres aus dem betrieblichen Vorschlagswesen erklären, beispielsweise die Reduktion der Unfallzahlen oder auch die Fluktuation in bestimmten Betriebsbereichen.

Voraussetzung für die Wirksamkeit des betrieblichen Vorschlagswesens ist ein ausgewogenes und transparentes Bewertungssystem. Abgesehen von den Zuordnungsschwierigkeiten besteht häufig das Problem der nicht gegebenen Quantifizierbarkeit der Verbesserungen. Deshalb sind verschiedene Kriterien bei der Bewertung zu berücksichtigen, die sich am geschätzten Nutzen für den Betrieb, am Fleiß und der Mühe des Einreichers oder auch am Neuigkeitsgrad des Verbesserungsvorschlages orientieren können. Die Prämie für einen Verbesserungsvorschlag ist dabei stets in Relation zu den bereits erfolgten Vorschlägen und deren Prämien zu sehen.

Von großer Bedeutung sind auch immaterielle Prämierungen, beispielsweise Urkunden, Plaketten oder öffentliche Belobigungen. Die Wirkungseinschätzung dieser Anreize ist äußerst schwierig und unsicher. Allgemein erscheint hinsichtlich der Motivation der Mitarbeiter zur Einreichung von Verbesserungsvorschlägen eine Kombination materieller und immaterieller Anreize erfolgversprechend.

Organisatorisch sollten dem Einreicher möglichst mehrere Wege zur Vorschlagsabgabe offenstehen, beispielsweise der Dienstweg, die Abgabe in der Personalabteilung oder beim Betriebsrat beziehungsweise ein spezieller Briefkasten. Um eventuelle Barrieren der Mitarbeiter im Hinblick auf die schriftliche Formulierung von Verbesserungsvorschlägen zu vermeiden, ist auch ein mündliches Einreichen zu ermöglichen.

Die konkrete Ausgestaltung eines betrieblichen Vorschlagswesens mit Hilfe des Personal Computers soll nachfolgend anhand des Standardsoftware-Programmes **BVW-PC** verdeutlicht werden.

Anwendungsbeispiel: BVW-PC

Die Computerunterstützung im Rahmen des betrieblichen Vorschlagswesens beschränkt sich auf die Vereinfachung der formalen Abläufe. Eine PC-gestützte Beurteilung von Verbesserungsvorschlägen ist nur schwer vorstellbar. **BVW-PC** beinhaltet beispielsweise die Bereiche:
- Vorschlagserfassung,
- Weiterleitung an Gutachter,
- Terminkalender/Registrierung,
- Prämienberechnung,
- Sitzungsprotokoll,

```
┌─────────────────────────────────────────────────────────────┐
│              BVW-PC: Erfassungsbildschirm                   │
│ B V W - P C         E R F A S S U N G  d e r     07.07.1988│
│ Version 2.1         V O R S C H L Ä G E             8076   │
│                                                             │
│ lfd. Vorschlags-Nr.: 125 Einzel/Gruppe: E (E/G) Eingangsdatum: 19.10.1988
│ Kurzbezeichnung des Vorschlags: Abwicklung des BVW mit Personal Computer.
│ ----------------------------------------------------------- │
│                    E i n z e l - E i n r e i c h e r        │
│ ----------------------------------------------------------- │
│    Kurzbezeichnung: S 238..        Firmennummer:    01      │
│    Bezeichnung der Stelle    Buchhaltung....................│
│    Rang der Stelle           Sachbearbeiter......           │
│    Pers.Nr.: 128961 Name: Königstein......... Vorname: Heinrich..........
│                                                             │
│                    G r u p p e n - E i n r e i c h e r      │
│ Pers.Nr. │   Name         │       Vorname          │ Anteil │
│ ......   │ .............. │ .....................  │ ....   │
│ ......   │ .............. │ .....................  │ ....   │
│ ......   │ .............. │ .....................  │        │
│ ......   │ .............. │ .....................  │ Taste !│
│ ......   │ .............. │ .....................  │        │
│ ←── EINGABE      F 4  Ergänzung    F 6  Löschen    F 7  Ausdruck
│     F 8  Speichern    F 9  Hilfe       F 10  Hauptmenue     │
└─────────────────────────────────────────────────────────────┘
```

- Benachrichtigung der Einreicher sowie
- Statistik.

Bei der Erfassung der Verbesserungsvorschläge ist zunächst zu unterscheiden, ob es sich um einen Einzel-Einreicher oder um den Verbesserungsvorschlag einer Gruppe handelt, da dies zu jeweils etwas anderen Bearbeitungsvorgängen führt. Dementsprechend ist der Bildschirm des Programmes **BVW-PC** dreigeteilt: Im oberen Drittel finden grundlegende Informationen zu dem jeweiligen Verbesserungsvorschlag Platz: Dies sind die laufende Nummer, das Eingangsdatum, der Hinweis auf Einzel- oder Gruppenvorschlag sowie eine Kurzbezeichnung. Die beiden unteren Drittel dienen zur Eingabe der Einreicher-Daten, nach Einzel- und Gruppen-Einreicher differenziert.

In einem nächsten Schritt ist Platz für die detaillierte Darstellung des Vorschlages vorgesehen.

```
┌─────────────────────────────────────────────────────────────┐
│           BVW-PC: Weiterleitung der Vorschläge              │
├─────────────────────────────────────────────────────────────┤
│ B V W - P C        W E I T E R L E I T U N G   d e r    07.07.1988
│ Version 2.1            V O R S C H L Ä G E              8076
│ lfd. Vorschlags-Nr.: 125.  Einzel/Gruppe: E  (E/G) Eingangsdatum: 19.10.1988
│ Kurzbezeichnung des Vorschlags: Abwicklung des BVW mit Personal Computer.
│─────────────────────────────────────────────────────────────
│    E i n g a n g s b e s t ä t i g u n g   an den Einreicher
│    Ausdruck    ja/nein   j      Datum:   19.10.1988
│─────────────────────────────────────────────────────────────
│    B e g u t a c h t u n g s a u f f o r d e r u n g
│    1. Gutachter       anonym  ja/nein  n      Ausdruck   ja/nein  j
│    Pers.Nr.: A 433.  Name: Kraus............  Vorname: Wolfgang..........
│    Ausgabe: 19.10.1988   Termin: 12.11.1988   Eingang: 05.11.1988
│
│    2. Gutachter       anonym  ja/nein  .      Ausdruck   ja/ne
│    Pers.Nr.: ......  Name: .................  Vorname: ........ │ Taste ! │
│    Ausgabe: ........  Termin: ..........      Eingang:  .
│─────────────────────────────────────────────────────────────
│ ◄────   EINGABE      F 4  Ergänzung    F 6  Löschen    F 7  Ausdruck
│         F 8 Speichern       F 9 Hilfe       F 10 Hauptmenue
└─────────────────────────────────────────────────────────────┘
```

Nach der Vorschlagserfassung erfolgt die Weiterleitung an die zuständigen Begutachter zur Beurteilung der Anwendbarkeit und Brauchbarkeit für das Unternehmen. Der obere Bereich des Bildschirmes ist wiederum für Kurzinformationen reserviert. Neben dem Hinweis, ob eine Eingangsbestätigung an den Einreicher ergangen ist, enthält dieser Bildschirminhalt die Begutachtungsaufforderung, die Daten der Gutachter sowie einzuhaltende Termine.

```
                    BVW-PC: Terminkalender
 BVW-PC             REGISTRIERUNG              06.11.1988
 Version 2.1        TERMINKALENDER                  8076

 Vorsch.  |       | Gutachter          | Ausgabe-   | Abgabe-    | Eingangs-
 Nummer   | SB-Nr | Name, Vorname      | Datum      | Termin     | Datum
 124.     | A 218 | König, Siegfried.. | 15.10.1988 | 12.11.1988 | 30.10.1988
 125.     | A 433 | Kraus, Wolfgang... | 19.10.1988 | 12.11.1988 | 05.11.1988
 126.     | A 433 | Kraus, Wolfgang... | 21.10.1988 | 15.11.1988 | ..........
 127.     | A 255 | Wolf, Hans....... | 22.10.1988 | 18.11.1988 | ..........
                                                                 ┌─────────┐
                                                                 │ Taste ! │
                                                                 └─────────┘
    ←┘   EINGABE     F 4  Ergänzung    F 6  Löschen    F 7  Ausdruck
         F 8  Sortieren    F 9  Hilfe     F 10  Hauptmenue
```

Die Registrierung mit dem Terminkalender gibt einen allgemeinen Überblick über die Verbesserungsvorschläge, die zur Zeit bearbeitet werden. Über die Vorschlagsnummer in der äußersten linken Spalte ist das Abrufen detaillierter Informationen möglich. Die weiteren Spalten enthalten den Namen des Gutachters, das Ausgabedatum zur Beurteilung, den spätesten Abgabetermin sowie das Eingangsdatum der Begutachtung.

```
            BVW-PC: Prämienberechnung Einsparung
B V W - P C           P R Ä M I E N B E R E C H N U N G         20.11.1988
Version 2.1                    E I N S P A R U N G                    8076

lfd. Vorschlags-Nr.: 126  Einzel/Gruppe: E  (E/G) Eingangsdatum: 26.10.1988
Kurzbezeichnung des Vorschlags:  Einsparung Kopiergerät................
  Ausgabe:  19.10.1988    Termin:   12.11.1988    Eingang:   05.11.1988
─────────────────────────────────────────────────────────────────────────
                           B e r e c h n u n g
─────────────────────────────────────────────────────────────────────────
   EINSPARUNG                           ...8456  DM / Jahr

      AfA  der Aufwendungen des 1. Jahres  ..1200  DM

   PRÄMIENPROZENTSATZ                      .15  Prozent
                                                             ┌─────────┐
                                                             │ Taste ! │
   PRÄMIE                                 .1000  DM          └─────────┘
─────────────────────────────────────────────────────────────────────────
  ◄────    EINGABE      F 4  Ergänzung     F 6  Löschen     F 7  Ausdruck
           F 8  Speichern       F 9  Hilfe      F 10  Hauptmenue
```

Wie in der allgemeinen Beschreibung des betrieblichen Vorschlagswesens dargestellt, ist bei der Prämienberechnung nicht nur die absolute Höhe der jeweiligen Prämie von Interesse. Der Einreicher muß sich in Relation zur Prämierung anderer Verbesserungsvorschläge gerecht behandelt fühlen. Dies dürfte vor allem durch ein möglichst standardisiertes und überschaubares Vorgehen gewährleistet sein. Das Programm **BVW-PC** unterscheidet hierzu die Berechnung der Einsparung durch den Verbesserungsvorschlag oder die Berechnung anhand eines Punktesystems. Letztere wird dann vorgenommen, wenn sich die Herleitung der Prämie aufgrund konkret zu erwartender Einsparungen nicht errechnen läßt. Häufig lassen sich exakte Kosten- oder Nutzengrößen als Resultat eines Verbesserungsvorschlages nicht bestimmen.

Nach der standardisierten Eingabe von Informationen wie Vorschlagsnummer und Kurzbezeichnung des Vorschlages erfolgt die Eingabe des Gutachtens als freiformulierbarer Text. Das Gutachten muß einen Hinweis auf die Art der Prämienberechnung beinhalten.

Die Prämie resultiert im Beispiel oben aus der Einsparung pro Jahr abzüglich der Abschreibungen für Aufwendungen des ersten Jahres multipliziert mit dem vorher festzulegenden Prämienprozentsatz.

Zur Erleichterung der Nachvollziehbarkeit ist die Beschreibung der Berechnung hilfreich. In diesem Beispiel sind dies Hinweise dazu, wieviele Arbeitsstunden mit welchem Stundensatz die genannte Kosteneinsparung bewirken, sowie eine kurze Spezifizierung der Gesamtkosten des Kopiergerätes und der zugrundeliegenden Abschreibungen.

```
┌─────────────────────────────────────────────────────────────────┐
│              BVW-PC: Prämienberechnung Punktesystem             │
├─────────────────────────────────────────────────────────────────┤
│ BVW-PC           PRÄMIENBERECHNUNG              20.11.1988      │
│ Version 2.1         PUNKTESYSTEM                    8076        │
│                                                                 │
│ lfd. Vorschlags-Nr.: 125  Einzel/Gruppe: E (E/G) Eingangsdatum: 19.10.1988 │
│ Kurzbezeichnung des Vorschlags: Abwicklung des BVW mit Personal Computer │
│                                                                 │
│  Ausgabe:  19.10.1988   Termin:  12.11.1988   Eingang:  05.11.1988 │
│                                                                 │
│                        B e r e c h n u n g                      │
│                                                                 │
│   ÄNDERUNG           ..10 Punkte       PUNKTWERT    .10 DM / Punkt │
│                                                                 │
│   AUSWIRKUNG         ..10 Punkte       GEWICHTUNG   110 Prozent │
│                                                                 │
│   VERBESSERUNG       ..15 Punkte                                │
│                                                            ┌────────┐ │
│                                                            │ Taste !│ │
│   GESAMTZAHL         ..35 Punkte       PRÄMIE     .385 DM └────────┘ │
│   ←── EINGABE    F 4  Ergänzung   F 6  Löschen     F 7  Ausdruck │
│         F 8  Speichern    F 9  Hilfe       F 10  Hauptmenue     │
└─────────────────────────────────────────────────────────────────┘
```

Sind konkrete Einsparungen nicht errechenbar, erfolgt die Prämienberechnung über ein Punktesystem. Das Ziel liegt auch hier in einer möglichst gerechten und für alle Mitarbeiter transparenten Vorgehensweise. **BVW-PC** berücksichtigt als Aspekte zur Ermittlung der Gesamtpunktzahl die Änderung, Auswirkung und Verbesserung durch den jeweiligen Vorschlag. Diese Begriffe sind zwar wenig aussagekräftig und unvollständig, dennoch läßt sich das Grundprinzip der Punktbewertung an diesem Beispiel darstellen. Nach der Addition der Einzelpunkte zu der Gesamtpunktzahl errechnet sich die Prämie durch die Multiplikation der Gesamtzahl mit einem vorher festzulegenden Punktewert sowie einer Gewichtung. Auch wäre die Einga-

```
┌────────────────────────────────────────────────────────────────┐
│                    BVW-PC: Sitzungsprotokoll                    │
├────────────────────────────────────────────────────────────────┤
│ B V W - P C              S I T Z U N G S -        07.07.1988   │
│ Version 2.1              P R O T O K O L L             8076    │
├────────────────────────────────────────────────────────────────┤
│                                                                 │
│    Sitzung - Nummer  25           Datum der Sitzung: 22.11.1988│
│                 Behandelte Verbesserungsvorschläge              │
│                                                                 │
│ Vorschlag| Kurzbezeichnung           |ange- |abge-| Prämie |Abstimmung │
│ Nummer   |                           |nomm. |lehnt| in DM  |Ergebnis   │
│ ..124    | Abänd. der Schneidemaschine..| X  |  .  | ....190| ...3 : 2..│
│ ..125    | Abwicklung des BVW mit PC....| X  |  .  | ....385| ...5 : 0..│
│ ..126    | Einsparung Kopiergerät.......| X  |  .  | ..1.088| ...4 : 1..│
│ ..127    | Wickelmaschine..............| .  |  X  | ......0| ...4 : 1..│
│ .....    | ............................| .  |  .  | ........| .........│
│ .....    | ............................| .  |  .  | ........| .........│
│ .....    | ............................| .  |  .  | ........| .........│
│ .....    | ............................| .  |  .  | ........| .........│
│ .....    | ............................| .  |  .  | ........|┌────────┐│
│ .....    | ............................| .  |  .  | ........││ Taste !││
│ .....    | ............................| .  |  .  | ........|└────────┘│
├────────────────────────────────────────────────────────────────┤
│  ←─┘   EINGABE      F 4  Ergänzung    F 6  Löschen    F 7 Ausdruck │
│        F 8 Speichern      F 9 Hilfe      F 10 Hauptmenue           │
└────────────────────────────────────────────────────────────────┘
```

bemöglichkeit eines frei formulierbaren Textes zur Beschreibung der Berechnung sowie der Gewichtung des Vorschlages zum besseren Verständnis hilfreich. Dies ist jedoch bei **BVW-PC** nicht vorgesehen.

Das Sitzungsprotokoll enthält zunächst auf einer ersten Bildschirmoberfläche die Namen und Abteilungen der Teilnehmer. Dieser Auflistung folgt eine Liste der behandelten Verbesserungsvorschläge sowie der Vermerk über deren Annahme oder Ablehnung. Die Eingabemöglichkeit von Bemerkungen im Rahmen des Sitzungsprotokolls dient beispielsweise zur Begründung von Terminverschiebungen etc.

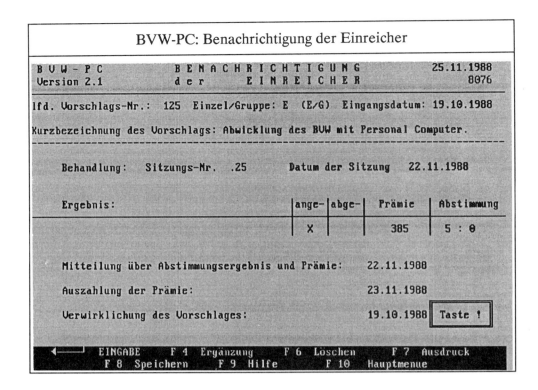

Dem Entscheid über Annahme oder Ablehnung des Vorschlags folgt die Benachrichtigung der Einreicher. Hierzu kann auf einen vom Programm vorgegebenen Standardtext zurückgegriffen werden, oder aber der Einreicher erhält einen individuell formulierten Text.

Resümee

Bei aller Notwendigkeit zur individuellen Bearbeitung kann der Personal Computer im betrieblichen Vorschlagswesen wertvolle Hilfe vor allem bei der Unterstützung der formalen Vorgehensweise leisten.

Auch ist die PC-Unterstützung beim betrieblichen Vorschlagswesen als vorteilhaft einzustufen, weil alle Einreicher davon ausgehen können, daß die Prämienfindung möglichst einheitlich und in der richtigen Relation zu anderen Verbesserungsvorschlägen erfolgt.

Checkliste: Vorschlagswesen

Produktname				
Version:	▨ deutsch		▨ englisch	
Hardwarevoraussetzungen				
Kategorie	▨ XT	▨ AT	▨ 386er	▨ 486er
Arbeitsspeicher				KB
Festplatte	▨ Ja: MB verfügbar		▨ Nein	
Grafikstandard	▨ CGA	▨ Hercules	▨ EGA	▨ VGA
Maus empfohlen	▨ Ja		▨ Nein	
Betriebssystem				
Typ	▨ DOS	▨ OS/2	▨ UNIX	
Version				
SAA-Konzept				
	▨ Ja		▨ Nein	
Service				
Installation	▨ Ja		▨ Nein	
Dokumentation	▨ deutsch		▨ englisch	
Hotline	▨ Ja		▨ Nein	
Schulung	▨ Ja		▨ Nein	
Einarbeitungsaufwand				
	▨ niedrig	▨ mittel	▨ hoch	
Hilfefunktionen				
	▨ ohne	▨ Tutorial	▨ online	▨ situativ	▨ Querverweise
Auswertungen / Statistik				
	▨ Ja		▨ Nein	
Arten der Prämienberechnung				
	▨			
Bescheiderteilung				
	▨ Ja		▨ Nein	
Datenzugriffsschutz				
	▨ Paßwort	▨ ...	▨ Nein	
Erfassung von Gruppenvorschlägen				
	▨ Ja		▨ Nein	
Reportgenerator				
	▨ Ja		▨ Nein	
Standardbriefverwaltung				
	▨ Ja		▨ Nein	
Terminverfolgung				
	▨ Ja		▨ Nein	
Unterstützung vorhandener Drucker				
	▨ Ja	▨ gegen Aufpreis	▨ Nein	
Preis				

Betriebliches Vorschlagswesen					
Name	Vertrieb	aktuelle Version	Systeman-forderungen	Preis inkl. Mwst.
BVW	Peter Koblank 7080 Aalen	4.0	640 KB Hauptspeicher MS-DOS ab Version 3.3 Festplatte	15.846,-DM

Kurzbeschreibung:
BVW ist ein netzwerkfähiges branchenunabhängiges Programm für die Verwaltung des betrieblichen Vorschlagswesens. Die Verbesserungsvorschläge werden am Bildschirm eingegeben. Eingangsbestätigungen, Zwischenbescheide, Gutachtenanforderungen und -mahnungen, Ausschußprotokolle, Prämienlisten, Ablehnungs- und Prämienbescheide werden automatisch gedruckt. Briefköpfe und -inhalte können nach eigenen Vorstellungen angelegt werden. BVW stellt außerdem noch eine Statistikfunktion zur Verfügung. Eine Probeinstallation für monatlich 450,- DM zzgl. Mwst ist möglich.

Name	Vertrieb	aktuelle Version	Systeman-forderungen	Preis inkl. Mwst.
BVW-PC	ISC 8600 Bamberg	2.1	512 KB Hauptspeicher Festplatte ab 20 MB	6.783,-DM

Kurzbeschreibung:
BVW-PC ermöglicht ebenfalls die Verwaltung von Verbesserungsvorschlägen mit dem PC. Das Programm bietet u.a. folgende Funktionen: Vorschlagserfassung, Erstellen einer Eingangsbestätigung, Gutachtenanforderung, Terminkalender, Registrierung, Prämienberechnung nach Punktesystem oder nach Höhe der Kostenersparnis, Erstellung von Sitzungsprotokollen, Benachrichtigung der Einreicher und Statistik.

6.3 Bewerberverwaltung

Die Bewerberverwaltung ist der Personalbeschaffungsplanung zuzuordnen. Sie erhält als Input den Personalnettobedarf: Dieser ergibt sich aus dem terminbezogenen Vergleich von (quantitativem/qualitativem) Personalbestand mit den entsprechenden Bedarfswerten. Ausgehend von dieser Information ist festzulegen, wo und wie ein entsprechender Mitarbeiter gesucht beziehungsweise beschafft werden soll.

Zunächst erfolgt die Wahl des Beschaffungsweges, die Informationen über die Potentiale der Beschaffungsmärkte erfordert. Dazu gehört die Abgrenzung des als "Beschaffungsmarkt" anzusehenden Bereiches. Dieser hängt vom gesuchten Fähigkeitsniveau ab: Bei geringerem Qualifikationsniveau bietet sich im Regelfall der lokale Arbeitsmarkt an, bei Führungskräften und hochspezialisierten Facharbeitern der überregionale Markt.

Grundsätzlich ist zu Beginn die Entscheidung zwischen externer und interner Beschaffung zu treffen. Die hier vorgestellte PC-gestützte Bewerberverwaltung bezieht sich jedoch im wesentlichen auf externe Bewerber. Beschaffungswege für externe Personalakquisition sind im wesentlichen:
- das Zeitungsinserat als eines der klassischen Werbemittel, welches sicherlich noch immer eines der am häufigsten eingesetzten Instrumente ist;
- die Bundesanstalt für Arbeit und die ihr untergeordneten Arbeitsämter, die die betriebliche Personalbeschaffung durch Beratung des Arbeitnehmers und Arbeitgebers sowie gegebenenfalls durch Auswahl und Vermittlung der geeigneten Bewerber unterstützen;
- das Medium Bildschirmtext (BTX) der Deutschen Bundespost, das jeder Privatperson und jedem Unternehmen - die Existenz eines entsprechenden Terminals vorausgesetzt - die Abfrage von Informationen sowie Dialoge mit anderen Teilnehmern ermöglicht;
- das College-Recruiting, ein gezieltes und differenziertes Ansprechen potentieller Mitarbeiter durch (in-)direkte Anwerbung in Ausbildungsinstitutionen;
- Personalberater, die speziell bei einem Nachfrageüberhang am Führungskräftemarkt in Anspruch genommen werden;
- die Eigenwerbung, bei der ein Bewerber von sich aus ein Unternehmen kontaktiert sowie
- Kontakte zu Betriebsangehörigen.

Stehen für eine zu besetzende Stelle mehrere Kandidaten zur Verfügung, so stellt sich das Problem der Bewerberselektion. Berücksichtigt man die hohen Kosten, die eine falsche Entscheidung letztlich zur Folge hat, so kommt der **Bewerberauswahl** zwangsläufig erhebliches Gewicht zu.

Auf den Vorgang der Bewerberselektion treffen eine Reihe von *gesetzlichen Vorschriften* zu, die Selektion und Einstellungsinterview regeln. In der Reihenfolge ihrer zeitlichen Relevanz sind dies (neben der reinen vertragstechnischen Abwicklung) speziell die Vorschriften zum Erstellen von Auswahlrichtlinien, für interne Ausschreibung, zu Personalfragebogen und schließlich zu Unzulässigkeit von "persönlichen Fragen" im Einstellungsinterview. Das nachfolgend vorgestellte Standardsoftwareprogramm zur PC-gestützten Bewerberverwaltung kommt hauptsächlich bei der externen Personalakquisition zum Einsatz. Es beinhaltet keine Verfahren zur Personalauswahl, sondern beschränkt sich ausschließlich auf die Verwaltung der Bewerberunterlagen sowie die Abwicklung des Bewerbungsvorganges aus formaler Sicht. Eine PC-Unterstützung im Rahmen der Bewerberverwaltung bietet sich auch deshalb an, weil hierdurch gewährleistet ist, daß alle Bewerber das gleiche Procedere durchlaufen.

Anwendungsbeispiel: Integrierte Bewerberverwaltung (IBV)

Das Programm **IBV** (Integrierte Bewerberverwaltung) dient zur Unterstützung der verwaltungstechnischen Abwicklung der Bewerberauswahl. Primär realisiert **IBV** eine benutzerfreundliche Bearbeitung der Bewerberdaten mit folgenden Bearbeitungsschritten:
- Eingangsbestätigung,
- Erfassung der Bewerbung,
- eventuell Anforderung fehlender Unterlagen,
- Einladung zum Gespräch beziehungsweise Zu- oder Absage.

IBV beinhaltet nicht die Personalauswahl durch den Personal Computer, sondern die Aufbereitung der Bewerberdaten mit Hilfe von Statistiken, die **IBV** zur Verfügung stellt. Dadurch wird eine Optimierung der Bewerberauswahl angestrebt. Die Menüsteuerung gewährleistet eine benutzerfreundliche Handhabung des Programmes.

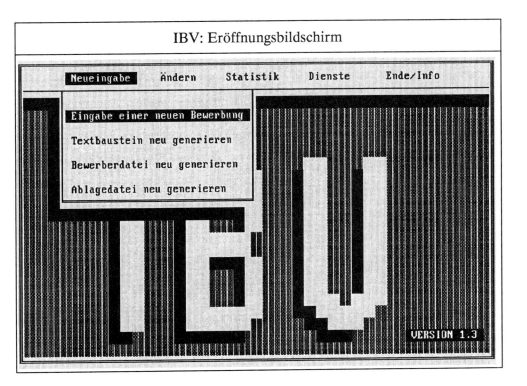

Das Programm startet durch den Befehl "IBV". Zunächst erscheint der Titelbildschirm, der mit einem Tastendruck verlassen wird. Danach befindet man sich im Hauptmenü, mit folgenden Menüpunkten:
- *Neueingabe*
- *Ändern*
- *Statistik*
- *Dienste*
- *Ende/Info*.

Die Optionen von **IBV** werden durch Drücken der ESC-Taste verlassen.

```
┌─────────────────────────────────────────────────────────────┐
│                      IBV: Datenblatt                        │
├─────────────────────────────────────────────────────────────┤
│ F1-Hilfe  F2-Historie  F6-Variablen  PAGE DOWN-Speichern  ESC-Hauptmenü │
│                                                             │
│   Lfd. Nummer:   ▓5    Stellennummer: ▓     Bewerberindex: ▓│
│  Name:   ▓▓▓▓▓▓▓▓▓▓▓▓▓▓▓    Vorname:  ▓▓▓▓▓▓▓▓▓▓▓▓▓▓       │
│  PLZ:    ▓▓▓▓▓▓▓▓▓▓ Ort:   ▓▓▓▓▓▓▓▓▓▓▓▓▓▓                  │
│  Straße: ▓▓▓▓▓▓▓▓▓▓▓▓▓▓▓▓▓▓ Telefon: ▓▓▓▓▓ / ▓             │
│  Titel:  ▓▓▓▓▓▓▓▓▓ Geb.Dat: ▓▓▓ Eingang: 31.01.91 Status: ▓ │
│  Anrede:  ▓   Familienstand: ▓   Kinder: ▓                 │
│  Schulabschluß: ▓  Wehr-/Zivildienst: ▓  User: ▓           │
│  Berufsgruppe: ▓   Berufsbezeichnung: ▓▓▓▓▓▓▓▓             │
│  Notiz: ▓▓▓▓▓▓▓▓▓▓▓▓▓▓▓▓▓▓▓▓▓▓▓▓▓▓▓▓▓▓▓▓▓▓▓▓               │
│  Historie: ▓▓▓▓▓▓▓▓▓▓▓▓▓▓▓▓▓▓▓▓▓▓▓▓▓▓▓▓▓▓▓                 │
│            ▓▓▓▓▓▓▓▓▓▓▓▓▓▓▓▓▓▓▓▓▓▓▓▓▓▓▓▓▓▓▓                 │
├─────────────────────────────────────────────────────────────┤
│ A:\DATEN\TEST                                               │
└─────────────────────────────────────────────────────────────┘
```

Die *Neueingabe* dient der erstmaligen Erfassung einer Bewerbung. **IBV** vergibt automatisch eine laufende Nummer. Bei der Eingabe einer Bewerbung dienen die Einträge der zuvor eingegebenen als Vorgabe. Mit ESC wird die Eingabemaske verlassen, **ohne** die eingegebenen Daten zu sichern. Die verschiedenen Felder werden mit den Tasten Cursor tief/hoch oder der Tabulatortaste angesteuert. Wird ein Eingabefeld mit der maximalen Zeichenzahl gefüllt, springt der Cursor selbständig in das nächste Feld. Bei allen Textfeldern ist die Eingabe derart gestaltet, daß das erste Zeichen in einen Großbuchstaben umgewandelt wird, ohne die Umschalttaste zu betätigen.

IBV berücksichtigt neben demographischen Daten (Alter, Geschlecht Familienstand und Schulausbildung) im Feld "Historie" weitere Informationen (Werdegang, Praktika, sprachliche Qualifikationen) über den Bewerber.

In den Feldern Anrede, Familienstand, Schulabschluß, User, Berufsgruppe sind nur bestimmte Eintragungen zulässig. Durch Aufruf mittels der F1-Taste erscheinen Menüs, aus denen gültige Eintragungen mit den Cursor-

Tasten ausgewählt werden können. Diese Hilfemenüs werden auch bei unzulässigen Einträgen angeboten.

Die Option *Textbaustein neu generieren* dient zur Erstellung eines neuen Textbausteines, beispielsweise für Serienbriefe. In den Text können zudem Textvariablen festgesetzt werden. Diese "Platzhalter" werden beim Ausdruck durch den Feldinhalt eines Datensatzes aus der Bewerberdatei ersetzt.

Bewerberdatei neu generieren dient zum Anlegen einer neuen Bewerberdatei. *IBV* verlangt hier die Laufwerksangabe sowie die Eingabe des Dateinamens. Die neu angelegte Bewerberdatei wird anschließend zur Bearbeitung geöffnet.

Die Funktion *Ändern* erlaubt das Modifizieren abgespeicherter Bewerberdaten und/oder die Vervollständigung nicht besetzter Felder.

Darüber hinaus stehen verschiedene Zusatzfunktionen zur Verfügung:
- *Ausdrucken* eines Textes nur für die Bewerbung, die sich zur Zeit in der Maske befindet. Nach dem Drücken der Taste erscheint ein Menü, aus dem der zu druckende Text mit den Cursortasten ausgewählt werden kann.
- *"Hotkey"*-Funktion: Durch Drücken des Anfangsbuchstabens kann man direkt zu einem der angezeigten Texte springen.
- *Protokolldatei* zum Speichern geänderter Datensätze.
- *Sortierung* der Bewerber in der Protokolldatei nach der laufenden Nummer.
- *List Modus*, der alle Bewerbungen in Listenform darstellt. Dies ermöglicht einen besseren Überblick.

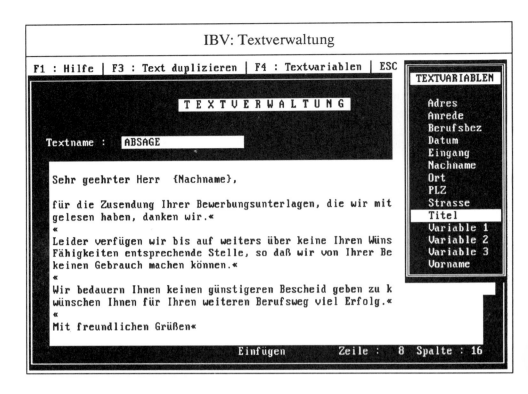

Folgende Ergänzungen ermöglicht die Funktion *Textbausteine*:
- *Löschen* von Textbausteinen: Nach Betätigung der F2-Taste verlangt **IBV** eine Bestätigung, bevor der Textbaustein gelöscht wird.
- *Duplizieren* von Textbausteinen kopiert einen ausgewählten Text zu dem in der Maske angezeigten hinzu. Stimmen der Quelltextbaustein und der Zieltextbaustein überein, so wird der Text innerhalb eines Bausteines dupliziert.

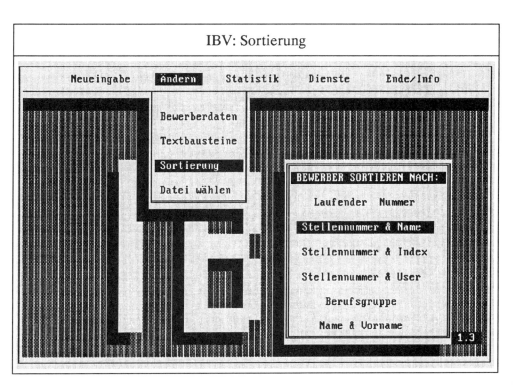

Sortierung dient zur Festlegung der Kriterien für die laufende Bewerberdatei. Die Option, die beim Öffnen des Fensters mit dem schwarzen Balken unterlegt ist, stellt die aktuelle Sortierung dar. Mit den Cursortasten kann man die gewünschte Sortierung anwählen und mit <RETURN> aktivieren. Ab sofort liegen dann die Bewerbungen in der gewünschten Sortierung vor.

Beispielsweise erfolgt nach Auslösen der Option "Stellennummer und Name" die Ausgabe der Bewerber nach der Stellennummer.

Die Funktion *Datei wählen* verlangt zunächst die Eingabe des Laufwerks und des Pfades, von dem die Bewerberdatei zu laden ist. Nach Bestätigung der Laufwerksangabe mit <RETURN> wird ein Fenster angezeigt, aus dem mit den Cursor-Tasten die gewünschte Datei angewählt werden kann.

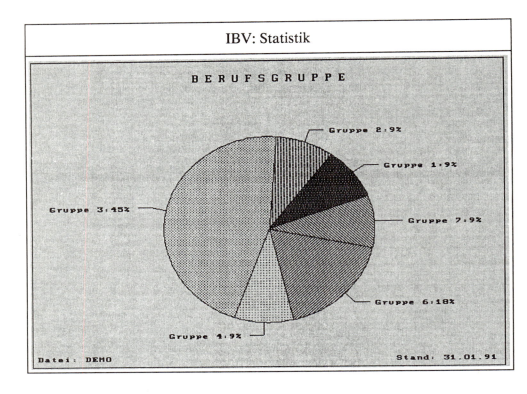

Die *Statistikfunktion* von **IBV** bietet die Möglichkeit, die prozentuale Zusammensetzung der Bewerbungen für bestimmte Felder zu ermitteln. Folgende Auswertungsmöglichkeiten stehen zur Verfügung:
- Schulabschluß,
- Altersstruktur,
- Geschlecht,
- Berufsgruppe,
- Bewerberindex,
- User.

Liegen Bewerbungen vor, bei denen das auszuwertende Kriterium nicht eingetragen ist, so zeigt eine Meldung die Unvollständigkeit der Auswertung an. Ist die Balkengrafik (Tortengrafik) auf dem Monitor dargestellt, so bewirkt das Drücken der Taste "T" ("B") die Ausgabe der Tortengrafik (Balkengrafik).

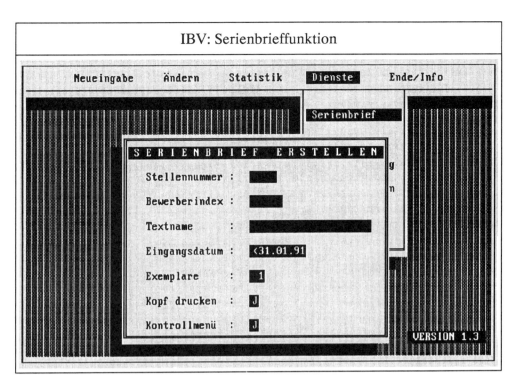

Die Erstellung und Bearbeitung von Serienbriefen erfolgt innerhalb der Option *Dienste*. Zur Erstellung eines Serienbriefes sind folgende Angaben Voraussetzung:
- Stellennummer,
- Wert des Bewerberindexes (größer, kleiner oder gleich einem bestimmten Index),
- der zu druckende Text,
- die Bewerbungen, für die der Brief zu erstellen ist,
- die Anzahl der zu druckenden Exemplare,
- ob der Textbaustein "Kopf" mitgedruckt werden soll,
- ob das Kontrollmenü angezeigt werden soll.

Falls bei "Kontrollmenü" "J" eingegeben wurde, erscheint nach dem Druck eines Briefes ein Auswahlmenü. Hier besteht die Möglichkeit, daß der letzte Brief nochmals gedruckt werden soll, der nächste Brief auszudrucken ist, oder ob der Druckvorgang abgebrochen werden soll. Der Druckvorgang ist bis zur Wahl einer Option unterbrochen.

Ist in dem auszudruckenden Text eine Textvariable vorhanden, für die in der Bewerberdatei kein Eintrag vorhanden ist, wird zwar ein Ausdruck vorgenommen, aber es erfolgt eine Meldung, die dem Benutzer mitteilt, daß dieser Ausdruck eventuell unvollständig ist.

Resümee

Das Anwendungsbeispiel **IBV** verdeutlicht, daß Bewerberverwaltungssysteme primär die formale Bearbeitung (externer) Bewerbungen in Unternehmen unterstützen. Eine PC-gestützte Bewerberauswahl beinhaltet dies im Regelfall nicht. Es ist zu bezweifeln, ob der Abgleich von Anforderungs- und Fähigkeitsprofilen mittels Computertechnik überhaupt sinnvoll ist: Dies würde die Intuition des Einstellenden ausklammern, einen wesentlichen Aspekt der Bewerberauswahl, der zwar kaum erfaßbar aber dennoch von nicht zu unterschätzender Bedeutung ist. Vielmehr ist der eigentliche Zweck von Bewerberverwaltungssystemen eine übersichtliche Aufbereitung der eingehenden Bewerbungen.

Checkliste: Bewerberverwaltung

Produktname				
Version:	▨ deutsch		▨ englisch	

Hardwarevoraussetzungen

Kategorie	▨ XT	▨ AT	▨ 386er	▨ 486er
Arbeitsspeicher				KB
Festplatte	▨ Ja: MB verfügbar		▨ Nein	
Grafikstandard	▨ CGA	▨ Hercules	▨ EGA	▨ VGA
Maus empfohlen	▨ Ja		▨ Nein	

Betriebssystem

Typ	▨ DOS	▨ OS/2	▨ UNIX
Version			

SAA-Konzept

▨ Ja	▨ Nein

Service

Installation	▨ Ja	▨ Nein
Dokumentation	▨ deutsch	▨ englisch
Hotline	▨ Ja	▨ Nein
Schulung	▨ Ja	▨ Nein

Einarbeitungsaufwand

▨ niedrig	▨ mittel	▨ hoch

Hilfefunktionen

▨ ohne	▨ Tutorial	▨ on line	▨ situativ	▨ Querverweise

Archivierung

▨ Ja	▨ Nein

Auswertungen / Statistik

▨ Ja	▨ Nein

Datenzugriffsschutz

▨ Paßwort	▨ ...	▨ Nein

Fragenkatalog

▨ Ja	▨ Nein

Laufwegkontrolle

▨ Ja	▨ Nein

Reportgenerator

▨ Ja	▨ Nein

Standardbriefverwaltung / Serienbrieffunktion

▨ Ja	▨ Nein

Unterstützung vorhandener Drucker

▨ Ja	▨ gegen Aufpreis	▨ Nein

Unterstützung der Auswahl durch

▨	

Preis

Bewerberverwaltungsprogramme				
Name	Vertrieb	aktuelle Version	Systeman-forderungen	Preis inkl. Mwst.
IBV	PRISMA Prof. Scholz GmbH 6600 Saar-brücken	1.3	512 KB Hauptspeicher MS-DOS ab Version 3.0, Festplatte empfohlen	855,- DM

Kurzbeschreibung:
IBV erfaßt die Daten einer Bewerbung auf einer Bildschirmseite. IBV stellt u.a. eine Serienbrieffunktion zur Verfügung. Die Auswertungen stellt IBV als Tortengrafiken und Balkengrafiken dar. Unter anderem enthält IBV eine Hilfefunktion, eine Ablagefunktion und eine Protokollfunktion, mit der man die Veränderung der eingegebenen Bewerberdaten verfolgen kann.

Name	Vertrieb	aktuelle Version	Systeman-forderungen	Preis inkl. Mwst.
PROTEUS	Projekt Computersys. 7920 Heiden-heim	2.1	640 KB Hauptspeicher MS-DOS ab Version 3.1, Festplatte	9.690,-DM

Kurzbeschreibung:
Zur Erfassung der Bewerberdaten stehen sechs Bildschirmseiten zur Verfügung. Standardmäßig kann PROTEUS mit dem integrierten Reportgenerator auch individuelle Reports generieren. Weitere Leistungsmerkmale: Archivierung von Bewerbungen, Fragenkatalog für Vorstellungsgespräche sowie Laufwegkontrolle.

Name	Vertrieb	aktuelle Version	Systeman-forderungen	Preis inkl. Mwst.
Bewerber	Teachsoft 6600 Saar-brücken	2.0	MS-DOS ab Version 3.3 Festplatte	2.850,-DM

Kurzbeschreibung:
"Bewerber" ermöglicht u.a. das Speichern einer Gesprächsnotiz pro Bewerber. Zudem ist die Erstellung von Serienbriefen möglich. Ferner besteht die Möglichkeit, verschiedene Auswertungen durchzuführen. Gegen Aufpreis ist auch eine netzwerkfähige Version und der Source-Code lieferbar.

6.4 Lohn und Gehalt

Der Bereich der Personalkosten stellt traditionell einen Schwerpunkt im Personalmanagement dar. Hierbei sind zunächst die reinen Verwaltungsaufgaben zu nennen, die im wesentlichen die Bruttolohn- und daraus resultierend die Nettolohnberechnung beinhalten. Abgesehen davon beschäftigt sich das Personalmanagement mit Personalkosten primär unter vier Gesichtspunkten:
- Die Forderung nach *Lohngerechtigkeit* impliziert die Wahl solcher Entlohnungsformen, bei denen die betriebliche Leistung dem Beitrag der Arbeitnehmer zur Erreichung der Unternehmensziele entspricht. Demnach muß die Entlohnung den Anforderungen der Stelle und/oder der tatsächlich erbrachten Leistung des Stelleninhabers entsprechen.
- Hinsichtlich der Ausnutzung von Motivationswirkungen wird seit längerem versucht, über *Lohnanreizsysteme* das Interesse der Mitarbeiter am Unternehmen zu steigern und die Produktivität des einzelnen unmittelbar zu entlohnen. Demgemäß sind im Rahmen eines betrieblichen Personalkostenmanagements Entlohnunssysteme zu entwerfen, die positiv verhaltenssteuernd wirken.
- Ferner befaßt sich betriebliches Personalkostenmanagement mit der Erstellung von *Personalkostenbudgets* und der damit verbundenen Problematik der Personalkostenkontrolle. Hierzu gehören auch die diversen Kennzahlensysteme, die in komprimierter Form Auskunft (auch) über gruppenspezifische Kostenentwicklungen geben.
- Auch im Zusammenhang mit Wachstums- und Strukturproblemen rücken zunehmend die Personalkosten in den Mittelpunkt der Diskussion. In diesem Zusammenhang muß sich das betriebliche Personalkostenmanagement verstärkt mit dem *Kostenverursachungsfaktor* Personal auseinandersetzen. Im Hinblick auf die Wettbewerbsfähigkeit des Unternehmens ergeben sich hier zwangsläufig Zielkonflikte zwischen Kostenreduktion und Qualifikationsverbesserung, die in entsprechende (Kosten-)Strategien aufzulösen sind.

Als Personalkosten gelten alle Kosten, die für Bereitstellung und Einsatz der menschlichen Arbeitskraft im Unternehmen anfallen. Personalkosten untergliedern sich somit in die tätigkeitsbezogene Entgeltkomponente (Lohn, Gehalt) und die Personalnebenkosten. Personalnebenkosten resultieren aus gesetzlichen beziehungsweise tarifvertraglichen Vorschriften wie Urlaubsgeld oder Arbeitgeberbeitrag zur Krankenversicherung sowie aus freiwilligen Leistungen wie Altersversorgung und Wohnungsbeihilfen. Weitere Personalnebenkosten, wie Weihnachtszuwendungen, können konkreten Mitarbeitern zugeordnet werden, andere Personalnebenkosten - speziell aus dem unternehmensübergreifenden Sozialbereich - sind nur auf Mitarbeitergruppen oder aber auf die Gesamtbelegschaft zurechenbar.

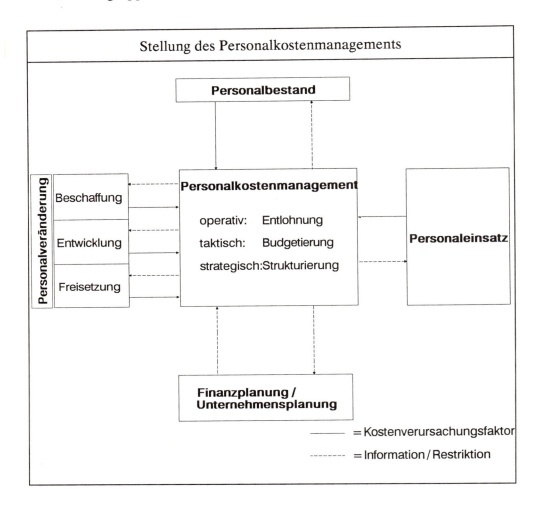

Unabhängig von ihrer Bedeutung für das Personalmanagement sollen die vorgenannten Gesichtspunkte des *Personalkostenmanagements*, die über die reinen Verwaltungsaufgaben hinausgehen, im Zusammenhang mit der PC-Unterstützung außer Betracht bleiben. Die EDV-Unterstützung dieser sehr unstrukturierten Aufgabengebiete ist momentan ohne erhebliche Eigenentwicklungen nicht möglich.

Völlig anders verhält es sich mit der *Personalkostenverwaltung*, also der Brutto- und Nettolohnberechnung. Dies ist eines der traditionell zentralen EDV-Einsatzgebiete in Unternehmen. Die Gründe hierfür sind im wesentlichen die zwangsläufige Einheitlichkeit der Lohnberechnung aufgrund äußerst restriktiver gesetzlicher Regelungen sowie die Pflicht zur Datenübergabe an externe Stellen. Dieser Arbeitsaufwand ist manuell kaum zu bewältigen.

Als Datenlieferanten für Personalkostenanalysen kommen diverse Teile des betrieblichen Rechnungswesens sowie externe Statistiken in Frage:
- Aus der *Lohn- und Gehaltsabrechnung* stammen Daten, die im Zuge der Entgeltermittlung für Lohn- und Gehaltszahlungen erhoben werden, sowie weitere regelmäßige oder einzelfallspezifische Zahlungen an Mitarbeiter und die daran jeweils gekoppelten Sozialversicherungsbeiträge des Unternehmens.
- Die handelsrechtlichen Bestimmungen für die *Bilanz* und *Gewinn- und Verlustrechnung (GuV)* verlangen nach der Anpassung gemäß dem Bilanzrichtliniengesetz: So sind in der GuV in Position 6a die Löhne und Gehälter aufzuführen, in Position 6b die sozialen Abgaben und Aufwendungen, beispielsweise die Altersversorgung.
- Das *interne Rechnungswesen* liefert Entgelt und Personalnebenkosten als Einzelkosten sowie als Gemeinkosten, beispielsweise Kosten des Betriebsrates oder von Sozial- und Bildungseinrichtungen. Diese regelmäßigen oder ereignisbezogenen Personalkosten werden in der Regel auf Kostenstellen und Kostenträger aufgeschlüsselt.
- Ergänzt werden diese Informationen durch *externe Erhebungen* beipielsweise der Wirtschaftsverbände, der Kammern, der Bundesanstalt für Arbeit oder der Statistischen Ämter. Dazu zählen auch die Untersuchungen der Deutschen Gesellschaft für Personalführung im Hinblick auf Beschäftigtenzahl und Personalbasisaufwand.

Im Rahmen der individuellen Entgeltbestimmung ist zunächst die Entgeltform zu bestimmen. Ein weiterer Aspekt ist die Lohnfestsetzung. Hier ist danach zu unterscheiden, ob der Lohn in Abhängigkeit von individuellen Leistungen oder abhängig vom jeweiligen Arbeitsplatz gezahlt werden soll. Das Arbeitsentgelt basiert auf drei Komponenten: den Anforderungen der Stelle, den erbrachten Leistungen sowie dem Sozialstatus des Betreffenden. Das letztlich gezahlte Arbeitsentgelt ergibt sich folglich kumulativ aus dem Soziallohn (bezugnehmend beispielsweise auf den Familienstand, das Lebensalter oder die Betriebszugehörigkeit), aus dem anforderungsabhängigen Zeitlohn sowie schließlich aus den leistungsbezogenen Lohnanteilen.

Personalkosten

1 Entgelt

    1.1 Lohn
    1.2 Gehalt Tarifangestellte
    1.3 Gehalt außertarifliche Angestellte
    1.4 Sonstiges Entgelt

2 Personalnebenkosten

    2.1 Aufgrund von Tarif und Gesetz
- Arbeitgeberbeiträge zur gesetzlichen Sozial- und Unfallversicherung
- Tarifurlaub
- Bezahlte Ausfallzeiten
- Schwerbehinderte
- Werksärztlicher Dienst
- Arbeitssicherheit
- Kosten Betriebsverfassung und Mitbestimmung
- Sonstige Kosten (Einmalzahlungen, Abfindungen etc.)
- Vermögenswirksame Leistungen

    2.2 Aufgrund freiwilliger Leistungen
- Küchen und Kantinen
- Wohnungshilfen
- Fahrt- und Transportkosten
- Soziale Fürsorge
- Betriebskrankenkasse
- Arbeitskleidung
- Betriebliche Altersversorgung
- Versicherungen und Zuschüsse
- Bezahlung von Ausfallzeiten
- Sonstige Leistungen (z.B. Jubiläen, Verbesserungsvorschläge etc.)

    2.3 Aus- und Weiterbildung

Eine Vielzahl von Verfahren zur analytischen und summarischen Arbeitsbewertung geben Hilfestellungen im Rahmen der *anforderungsabhängigen* Entgeltdifferenzierung; die wesentlichen Instrumente zur *leistungsabhängigen* Entgeltdifferenzierung sind der Zeitlohn plus Leistungsbewertung, der Prämienlohn, der Akkordlohn oder der Pensumlohn. Auf die konkreten Inhalte und Vorgehensweisen dieser Verfahren soll hier nicht weiter eingegangen werden[*].

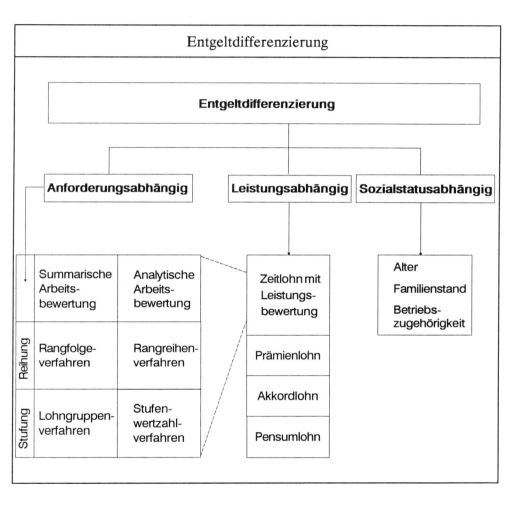

Die verwaltungstechnische Abwicklung der Lohn- und Gehaltsabrechnung läßt sich in die Teile Bruttolohnberechnung, Nettolohnberechnung, Nach-

---

[*] Vgl. Scholz, Chr.: Personalmanagement - Informationsorientierte und verhaltenstheoretische Grundlagen, München (Vahlens Handbücher der Wirtschafts- und Sozialwissenschaften) 1989, S. 455-473.

weise und Auswertungen sowie Zahlungsdienst aufteilen. Die Nachweise und Auswertungen betreffen im wesentlichen Verdienstnachweise, Beitragsnachweise für Kranken- und Rentenversicherung, Nachweise für die Berufsgenossenschaft sowie für innerbetriebliche Statistiken. Der Zahlungsdienst beinhaltet im wesentlichen die Mittelüberweisung an die Mitarbeiter, Geldinstitute, Bausparkassen, Krankenkassen und ähnliches.

Die vorgeschriebenen regelmäßigen Meldungen an die Sozialversicherungsträger und an die Bundesanstalt für Arbeit können wahlweise nach der DüVo (Datenübermittlungs-Verordnung) oder nach der DeVo (Datenerfassungs-Verordnung) erfolgen. DEVO/DÜVO regelt den Datenaustausch zwischen den Arbeitgebern und den Trägern der Sozialversicherung (Kranken-, Rentenversicherung und Bundesanstalt für Arbeit). Im Rahmen dieser Verordnungen werden als Jahres- beziehungsweise Änderungsmeldung regelmäßig mitarbeiterbezogene, tätigkeitsbezogene sowie betriebsbezogene Daten übermittelt.

Zu den Hauptaufgaben im Rahmen der Lohn- und Gehaltsabrechnung gehört die Eingabe, Pflege und Veränderung der Stammdaten, die sich in folgende Teile aufgliedern:
- Betriebsstamm,
- Krankenkassenstamm,
- Lohnartenstamm,
- Arbeitnehmerstamm sowie
- Banken- und Behördenstamm.

Inhalt, Aufbau und Bedienerfreundlichkeit der Stammdatenverwaltung gelten als wesentlicher Beurteilungsfaktor von Lohn- und Gehaltsprogrammen. Beispielsweise sollten alle Krankenkassen, die in einem Betrieb vorkommen, in einer gesonderten Stammdatei abgelegt werden. In dieser Datei sind Adressen, Beitragskontonummern sowie Beitragssätze inklusive der Angaben über eventuelle Umlagen abgespeichert. Das hat den Vorteil, daß bei einer Änderung der Beitragssätze diese nicht für jeden einzelnen Mitarbeiter geändert werden müssen, sondern nur einmal im Krankenkassenstamm bei der jeweiligen Krankenkasse.

Typisch für Personalabrechnungssysteme ist eine gemischte Anwendung von Dialog- und Stapelverarbeitung. Während die Stammdatenpflege an den Bildschirm-Arbeitsplätzen im Dialog erfolgt, wird häufig die eigentliche Abrechnung einschließlich der Auswertungen und des Zahlungsdienstes einmal monatlich im Stapelbetrieb durchgeführt.

Die außerordentliche Verbreitung von Standardsoftware im Rahmen der Personalabrechnung ist einerseits auf die Vielzahl von Verordnungen und Gesetzen zurückzuführen, die zu einer zwangsläufigen Standardisierung der Abrechnungsverfahren führt. Der Markt potentieller Kunden, die Standardsoftware für Lohn- und Gehaltsprogramme in ihrem Unternehmen einsetzen können, ist demgemäß sehr groß. Individuelle Anforderungen sind hier selten und meist detailbezogen. Zum anderen ist die Personalkostenverwaltung in ihrer Berechnung aufgrund der häufigen Gesetzesänderungen äußerst änderungsintensiv. Hierdurch sehen sich viele Unternehmen veranlaßt, die Wartung und Pflege der Lohn- und Gehaltsprogramme durch den Abschluß von Wartungsverträgen den Softwarefirmen zu übertragen.

Nachfolgend soll die PC-gestützte Personalabrechnung anhand des Programmes **Quick-Lohn** näher erläutert werden.

Anwendungsbeispiel: Quick-Lohn

```
                    Quick-Lohn: Eröffnungsbildschirm
   Firmenname nicht gefunden.          freier Speicher   281480
   zuletzt erfaßter Monat : 0000       MS-DOS Version      3.30

 a : LOHNBERECHNUNG (1.Teil)     QUICK-LOHN 1989, Version vom 02.12.89
 b : LOHNAUSWERTUNG (2.Teil)     Datenlaufwerk = aktuelles
 c : DATENSICHERUNG              Sich.laufwerk = A:
 d : BANKENDISKETTE erzeugen     COMSPEC=C:\COMMAND.COM
 e : ENDE                        PATH=D:\WINDOWS;C:\;C:\DOS;C:\WORKS;C:\P ...
 l : VORJAHRESDATEN löschen      PROMPT=$p$g
 p : PROGRAMMDISKETTE lesen      TEMP=d:\windows\TEMP

 Bitte wählen .


 Achtung, Bedienung geändert ab 01.11.89:

    neu                alt            Bedeutung

    Alt + a,b,c, ...   a,b,c ...      Zeilensprung im Eingabebild

    F5                 w              in jedem Bild laut Fußzeile
```

Nach Aufruf des Programmes über den Befehl "Quick" erscheint der Eröffnungsbildschirm, der verschiedene Abläufe und Funktionen beinhaltet:
- Im Rahmen der *Lohnberechnung* werden die Stammdatenverwaltung, Lohnerfassung sowie das Drucken der Lohnbelege durchgeführt.
- Die *Lohnauswertung* dient beispielsweise zum Summieren, Meldungen generieren, Überweisungen vorbereiten und ähnlichem.
- Die *Datensicherung* kopiert alle Datendateien vom Datenlaufwerk auf das gewünschte Sicherungslaufwerk.
- Die Option *Bankendiskette erzeugen* wandelt die Datei "Listbank" in eine von den Banken genormte Form um, so daß anstelle von Überweisungsformularen eine Diskette der Bank übergeben wird, auf der nur diese konvertierte Datei enthalten ist.
- Die Wahl der Funktion *Ende* führt zum Rücksprung ins Betriebssystem.
- *Vorjahresdaten löschen* bewirkt das Löschen sämtlicher Daten des Vorjahres auf dem Datenlaufwerk.
- Die Funktion *Programmdiskette lesen* bewirkt das Einlesen aller Dateien in Laufwerk A, gegebenenfalls auch von Datendisketten.

Inhalt des ersten Programmteils ist die Lohnberechnung. Hierzu werden verschiedene Dateien auf dem aktuellen Laufwerk benötigt. Dies sind die Dateien *Lohnkonf, Lohnname* und *Lohntext*. Die Datei *Lohnkonf* legt die Konfiguration fest: Datenlaufwerke, Druckersteuerzeichen, Überweisungsparameter und ähnliches. Wird zu Beginn der Programmausführung keine Datei *Lohnkonf* gefunden, so setzt **Quick-Lohn** Standardwerte ein. Im Hauptmenüpunkt *Konfiguration ändern* kann der Inhalt dieser Datei individuellen Gegebenheiten angepaßt werden. Die Dateien *Lohnname* und *Lohntext* beinhalten zum einen vom Programm benötigte Namen, zum anderen Programmbeschreibungen für Hilfetexte während des Programmablaufes.

In der dritten Zeile ist die Möglichkeit einer Korrekturabrechnung berücksichtigt. Falls in einem zurückliegenden Monat grob-falsche Eingaben erfolgten und beispielsweise die Krankenkassenmeldungen bereits abgeschickt sind, kann dies durch Eingabe eines Korrekturmonates in der Vergangenheit berichtigt werden. Anschließend wird eine Korrekturabrechnung sowie eine Differenzabrechnung erstellt und gedruckt. Ein in der Kurzmitteilung gegebenenfalls festgehaltener Text wird am Ende jeder Verdienstabrechnung ebenfalls ausgedruckt.

```
            Quick-Lohn: Lohnberechnung

 Datum                   07.11.90
 Abrechnungsmonat        0100      zuletzt erfaßter     Monat : 0000
 Korrekturmonat          0000      zuletzt summierter   Monat : 0000
 Kurzmitteilung




 (c)Stephan Herber
    Alle Rechte vorbehalten.
    Unzulässig ist der Verkauf
    der Nutzungsrechte an Dritte.
                                                   freier Speicher : 40264

  F1-Hilfe   F10-Abbruch   Esc-Bild verlassen
```

Die wesentliche Grundlage zur Lohn- und Gehaltsabrechnung bildet die *Stammdatenverwaltung*. **Quick-Lohn** gliedert diese in fünf Gruppen:
- Lohnartenstammdaten,
- Firmenstammdaten,
- Beitragsstammdaten,
- Krankenkassenstammdaten sowie
- Mitarbeiterstammdaten.

In jeder dieser fünf Gruppen können sämtliche Informationen und Daten neu angelegt, geändert oder auch gelöscht werden. Der Vorteil der Arbeit mit dem Personal Computer in diesem Bereich liegt vor allem darin, daß beispielsweise die Adressenänderung einer Krankenkasse einmal eingegeben wird und daraufhin automatisch für alle dort versicherten Mitarbeiter aktualisiert ist.

Bei der *Lohnerfassung* erscheinen nach Eingabe der Personalnummer die jeweiligen Lohnarten, beispielsweise bei einem Angestellten das Gehalt, bei einem Arbeiter der Grundlohn. Sofern der Mitarbeiter einen Vermögenssparvertrag abgeschlossen hat, werden auch die Lohnarten der vermögenswirksamen Leistungen immer mit aufgeführt.

```
            Quick-Lohn: Lohnauswertung

 a SUMMIEREN, speichern, Listen und Meldungen
 b ÜBERWEISUNGEN
 c LOHNKONTO mit Lohnsteuerkarteneintragungen
 d KONFIGURATION ändern
 e ENDE (2.Programmteil)
 f Listen und Meldungen alter Monate
 g DURCHSCHNITTSLOHNberechnung
 h LOHNSTEUERKARTENaufkleber
 i JAHRESSUMMEN




                                          freier Speicher : 48312

 F1-Hilfe
```

Das Kalendarium erfaßt die gearbeiteten Stunden einschließlich der Überstunden, sowie die Ausfallstunden, die beispielsweise durch Krankheit, Urlaub, Feiertage, Schlechtwetter oder Kurzarbeit entstehen können.

Der zweite Teil des Programmes **Quick-Lohn** ist die Lohnauswertung. Die Option *Summieren, Speichern, Listen* und *Meldungen* speichert die Abrechnungen sämtlicher Mitarbeiter wahlweise und summiert sie auf. Anschließend werden Listen und Meldungen gedruckt: Journal- und Summenliste, Kostenstellenliste, Lohnsteueranmeldung, Krankenkassenbeitragslisten, Krankenkassenmeldung, Arbeitsamtsantrag sowie die Buchhaltungsmeldung.

Mit Hilfe der Funktion *Überweisungen* können Bankverbindungen eingelesen und geändert werden. Überweisungen sind auch unabhängig von Lohn- und Gehaltszahlungen erstellbar.

Die Funktion *Lohnkonto mit Lohnsteuerkarteneintragungen* ist nur für die Dezemberabrechnung oder für den Fall des Ausscheidens eines Mitarbeiters relevant.

Nachdem die Lohnberechnung (1. Teil) und die Lohnauswertung (2. Teil) beendet und die Daten gesichert sind, besteht die Möglichkeit, eine *Bankendiskette* zu erstellen. Dieses Datenträgeraustauschprogramm liest die entsprechende Datei und erzeugt eine für die Banken lesbare genormte Datei. Im Überweisungsteil des Programmes *Lohnauswertung* verhält man sich analog zum Drucken von Formularen, es werden jedoch keine Überweisungsaufträge gedruckt, sondern Datensätze in einer speziellen Datei gespeichert.

Resümee

Die Ausführungen zur Lohn- und Gehaltsabrechnung haben gezeigt, daß der Bereich der *Personalkostenverwaltung* durch die EDV weitgehend vereinfacht, vor allem aber beschleunigt werden kann. Die Hauptursache hierfür ist die Vielzahl von Routinetätigkeiten sowie die Verarbeitung und Weitergabe von Massendaten. Nachdem die Stammdaten einmal eingegeben sind, läßt sich die monatliche Lohn- und Gehaltsabrechnung äußerst effizient durchführen. Für die Mitarbeiter der Personalabteilung entsteht so ein großes Zeitpotential, um sich beispielsweise mit den Aufgaben des *Personalkostenmanagements* auseinanderzusetzen.

Das Angebot an Standardsoftware zur Personalabrechnung umfaßt mittlerweile auch branchenspezifische Software, die spezielle Gegebenheiten und Anforderungen vieler Industriezweige berücksichtigt. Beispielsweise kann diese die automatische Berechnung von Schlechtwetterzulagen im Bauwesen oder die Provisionsberechnung bei umsatzbezogener Entlohnung beinhalten. In jedem Fall empfehlenswert ist es im Rahmen der PC-gestützten Lohn- und Gehaltsabrechnung, mit den Anbieterfirmen Wartungsverträge auszuhandeln, die die relativ häufig notwendige Aktualisierung der Software in Bezug auf Vorschriften- und Gesetzesänderungen durch die Softwarefirma gewährleisten. Die Personalabrechnung ist ein Software-Anwendungsgebiet, das höchste Ansprüche an die Fehlerfreiheit und Korrektheit der Programmabläufe stellt.

Checkliste: Lohn und Gehalt

Produktname				
Version:	deutsch		englisch	
Hardwarevoraussetzungen				
Kategorie	XT	AT	386er	486er
Arbeitsspeicher				KB
Festplatte	Ja: MB verfügbar		Nein	
Grafikstandard	CGA	Hercules	EGA	VGA
Maus empfohlen	Ja		Nein	
Betriebssystem				
Typ	DOS		OS/2	UNIX
Version				
SAA-Konzept				
	Ja		Nein	
Service				
Installation	Ja		Nein	
Dokumentation	deutsch		englisch	
Hotline	Ja		Nein	
Schulung	Ja		Nein	
Einarbeitungsaufwand				
	niedrig		mittel	hoch
Hilfefunktionen				
	ohne	Tutorial	online	situativ	Querverweise
Branchenbezogene Version				
	Ja		Nein	
Datenübergabe an FIBU				
	Ja		Nein	
Datenzugriffsschutz				
	Paßwort		...	Nein
Druckoptionen				
	Beitragsnachweise		Lohnsteueranmeldung	
	Überweisungsträger		...	
Frei definierbare Lohnmodelle				
	Ja		Nein	
Kontinuierliche Anpassung an neues Recht				
	Ja		Nein	
Maximale Mitarbeiterzahl				
Unterstützung vorhandener Drucker				
	Ja	gegen Aufpreis	Nein	
Sonstiges				
Auswertung / Statistik	Ja		Nein	
Datenträgeraustausch mit Banken	Ja		Nein	
Krankenkassenverwaltung	Ja		Nein	
Mandanten-/firmenfähig	Ja		Nein	
Preis				

Lohn- und Gehaltsprogramme					
Name	Vertrieb	aktuelle Version	Systemanforderungen	Preis inkl. Mwst.
QUICK-Lohn	Stephan Herber 2085 Quickborn		512 KB Hauptspeicher DOS ab 3.0 Festplatte ab 20 MB	ab 780,- DM

Kurzbeschreibung:
QUICK-Lohn verwaltet neben den üblichen Stammdaten bis zu 60 verschiedene Lohnarten. Ferner ist das Programm in der Lage, eine Datei für den Zahlungsverkehr mit den Geldinstituten zu erstellen. Im Programm ist eine Hilfefunktion integriert. Der Preis richtet sich nach der Anzahl der maximal zu verwaltenden Mitarbeiter.

Name	Vertrieb	aktuelle Version	Systemanforderungen	Preis inkl. Mwst.
GDI Lohn und Gehalt	GDI 6740 Landau	5.11	512 KB Hauptspeicher MS-DOS ab Version 3.0 Festplatte ab 20 MB	ab 682,- DM

Kurzbeschreibung:
Modular aufgebautes Programm mit verschiedenen angebotenen Zusatzmodulen wie Vorschußverwaltung oder Mandantenverwaltung. Leistungsmerkmale: Bruttolohnerfassung, Definition von Lohnarten, Stammdatenverwaltung, Nettolohnberechnung, verschiedene Auswertungsmöglichkeiten. Der Preis richtet sich nach der Anzahl der maximal zu verwaltenden Mitarbeiter.

Name	Vertrieb	aktuelle Version	Systemanforderungen	Preis inkl. Mwst.
Soft-Research-Lohn	Soft-Research GmbH 8000 München	2.5	640 KB Hauptspeicher Festplatte ab 10 MB	ab 2.052,- DM

Kurzbeschreibung:
Das Programm ist netzwerkfähig (jedoch nicht multiuserfähig). Eine Mandantenversion wird ohne Aufpreis zur Verfügung gestellt. Anstelle einer Hilfefunktion steht in allen Eingabemasken die Seitenzahl des Handbuchs, auf der die jeweilige Funktion beschrieben wird. Das Paket ist auch als Baulohn lieferbar.

Lohn- und Gehaltsprogramme				
Name	Vertrieb	aktuelle Version	Systeman- forderungen	Preis inkl. Mwst.
PRO-LOHN	Software-Büro Szymaniak 2820 Bremen	3.4	MS-DOS ab Version 3.1 640 KB Hauptspeicher Festplatte	ab 3.990,- DM (Grund- version)

Kurzbeschreibung:
Die Grundversion von PRO-LOHN ist bereits sehr umfangreich und besitzt schon eine Firmen-/Mandantenverwaltung. Die Lohnarten können im Programm frei definiert werden. PRO-LOHN stellt zahlreiche Auswertungen/Listen zur Verfügung. Darüber hinaus kann der Anwender mit einem Listengenerator noch weitere selbstdefinierte Listen erstellen. Ferner ist in dem Programm noch eine Standardbriefverwaltung (auch an Mitarbeiter und Krankenkassen) zur Serienbrieferstellung integriert. Weitere Leistungsmerkmale sind belegloser Datenträgeraustausch, Drucken von Überweisungsträgern und Verdienstabrechnungen, Hilfesystem. Es sind folgende Zusatzmodule erhältlich: Kostenstellen, Netzwerkversion (multiuserfähig) und eingerichtete Standarddaten.

Name	Vertrieb	aktuelle Version	Arbeits- speicher min.	Preis inkl. Mwst.
SBS-500	SBS Software 7518 Bretten	90110	640 KB Hauptspeicher DOS ab 3.1 Festplatte ab 10 MB	ab 3.391,- DM

Kurzbeschreibung:
SBS-500 ist ein modular aufgebautes Lohn- und Gehaltsabrechnungssystem. Die Lohnarten können frei definiert werden und sind jederzeit änderbar. Auswertungen können wahlweise automatisch oder manuell durchgeführt werden. Weitere Leistungsmerkmale: selbständige Verwaltung von Beitragssätzen, permanente Korrekturmöglichkeit, Abschläge, Kurzarbeitergeld, Diskettenclearing, Fibu-Ausgabe. Zu jedem Programmteil ist eine Programmbeschreibung integriert. Es sind noch verschiedene Module lieferbar wie z.B. Baulohn-Modul, Disketten-Clearing, Kurzarbeitergeld und Netzwerk-Laufzeit.

6.5 Reisekosten- und Spesenabrechnung

Die Reisekosten- und Spesenabrechnung ist, im wesentlichen ein reines Routineproblem, zur PC-Unterstützung besonders geeignet: Es geht ausschließlich um formal vollständige Eingaben und fehlerfreies Errechnen der entstandenen Spesen- und/oder Reisekosten. Nachfolgend soll am Beispiel der Standardsoftware **LDS-Spesen** das effiziente Vorgehen in diesem Zusammenhang verdeutlicht werden.

Anwendungsbeispiel: LDS-Spesen

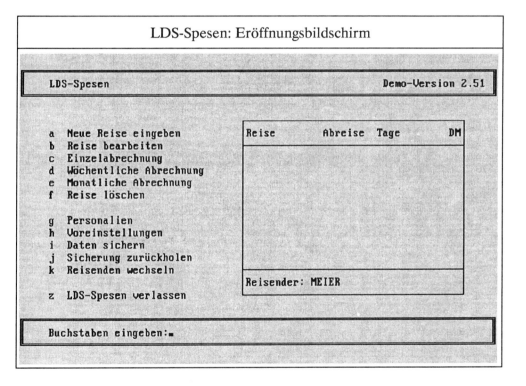

Die PC-gestützte Spesenabrechnung benötigt zunächst die allgemeinen Reisedaten, die Stationen der Reise sowie die Belege. Mögliche Belegarten beziehen sich beispielsweise auf Benzin, Übernachtung, Bewirtung oder öffentliche Verkehrsmittel. Die Abrechnungen können einzeln beziehungsweise im wöchentlichen oder monatlichen Zyklus vorgenommen werden. Ständig gespeicherte Voreinstellungen - wie häufige Reiseziele - sollen die Arbeit mit der Spesenabrechnung zusätzlich erleichtern. Auch die Erfassung mehrerer Reisender oder die Erstellung einer Statistik bezogen auf

Monate oder Reisende ist möglich.

Der Eröffnungsbildschirm beinhaltet auf der linken Bildschirmhälfte die zur Auswahl stehenden Programmfunktionen. Die rechte Bildschirmhälfte zeigt eine Kurzübersicht der letzten abgerechneten Reisen, die beim ersten Programmdurchlauf natürlich leer ist. Vor der ersten Spesenabrechnung sind die Personalien des Betreffenden einzugeben.

Zu Beginn der Abrechnung wird das Reise-Kennzeichen sowie der Zweck der Reise abgefragt. Das Reise-Kennzeichen stellt ein vom Anwender einzugebendes Kürzel für jede Reise dar. Dies kann beispielsweise das Reiseziel oder der Name des besuchten Kunden sein. Daran anschließend sind die Stationen der Reise sowie bei der Endstation auch die Uhrzeit einzugeben.

Nach der Erfassung der Stationen erfolgt die Eingabe der Belege. Der momentan zu erfassende Beleg wird einer Belegart zugeordnet, die mit dem Cursor anzuwählen und mit der Return-Taste zu bestätigen ist. Danach erfolgt die Eingabe des Bruttobetrages und unter Umständen des Datums der Ausgaben. Auf diese Weise werden nacheinander die Ausgaben einer Reise einer bestimmten Belegart zugeordnet und eingegeben. Einen Überblick über die entstandenen Kosten erhält man nach Betätigung der F8-Taste.

Zum Abschluß einer Reiseabrechnung läßt sich diese in der **LDS-Spesen**-Hauptauswahl als Einzelabrechnung ausdrucken und als Antrag zur Reisekostenerstattung einreichen.

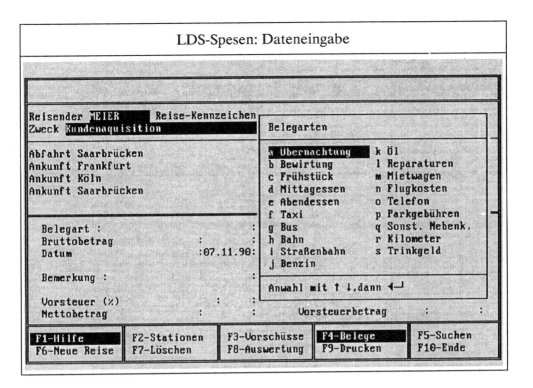

Für Selbständige, die ihren PKW geschäftlich nutzen und die PKW-Kosten als Betriebsausgaben von der Steuer absetzen können, ist es unter Umständen sinnvoll, ein Fahrtenbuch zu führen. Da das Finanzamt im Falle der geschäftlichen Nutzung des PKW's bei Selbständigen auch von einem privaten Anteil an der gesamten Nutzung ausgeht, der bei ca. 30 bis 35% liegt, lohnt sich das Führen eines Fahrtenbuches, falls man seinen PKW geschäftlich zu mehr als 70% der gesamten Kilometerleistung nutzt. Selbstverständlich müssen in diesem Falle die Kilometerstände am Ende einer jeden Reise aufgeschrieben werden.

Resümee

Die Ausführungen zur Reisekosten- und Spesenabrechnung machen deutlich, daß sich diese reine Verwaltungstätigkeit für die PC-Unterstützung besonders gut eignet. Ein Zusammenhang zu sensiblen Daten der Mitarbeiter besteht nicht, was Akzeptanzprobleme unwahrscheinlich macht. Vielmehr führt die PC-gestützte Spesenabrechnung zum Zeitgewinn und zur Vereinheitlichung, die ihren Einsatz hierbei in jedem Fall sinnvoll macht.

Checkliste: Reisekosten und Spesen

Produktname

Version:		deutsch		englisch

Hardwarevoraussetzungen

Kategorie		XT		AT		386er		486er
Arbeitsspeicher								KB
Festplatte		Ja:	MB verfügbar			Nein		
Grafikstandard		CGA		Hercules		EGA		VGA
Maus empfohlen		Ja				Nein		

Betriebssystem

Typ		DOS		OS/2		UNIX
Version						

SAA-Konzept

	Ja		Nein

Service

Installation		Ja		Nein
Dokumentation		deutsch		englisch
Hotline		Ja		Nein
Schulung		Ja		Nein

Einarbeitungsaufwand

	niedrig		mittel		hoch

Hilfefunktionen

	ohne		Tutorial		online		situativ		Querverweise

Auswertungen / Statistik

	Ja		Nein

Auslandsreisen

	Ja		Nein

Belegaufstellung

	Ja		Nein

Datenübergabe an FIBU

	Ja		Nein

Datenzugriffsschutz

	Paßwort		...		Nein

Kontinuierliche Anpassung an neues Recht

	Ja		Nein

Maximale Anzahl Reisender

Nebenkostenerfassung

	Ja		Nein

Unterstützung vorhandener Drucker

	Ja		gegen Aufpreis		Nein

Sonstiges

Fahrtenbuch			Ja		Nein
Umrechnung ausländischer Währungen			Ja		Nein
Vorschußverwaltung			Ja		Nein
Vorsteuerberechnung			Ja		Nein

Preis

Reisekosten- und Spesenabrechnungsprogramme				
Name	Vertrieb	aktuelle Version	Systeman-forderungen	Preis inkl. Mwst.
LDS-Spesen	Dodt EDV-Beratung 6050 Offenbach	2.51	640 KB Hauptspeicher Festplatte	von 345,- DM bis 2.795,- DM

Kurzbeschreibung:
Das Programmpaket erlaubt die Erfassung von In- und Auslandsreisen. Integriert sind Vorschußverwaltung in DM oder in Devisen, Fahrtenbuch mit Ausweis der geschäftlich und privat gefahrenen Kilometer und verschiedene Ausdruckmöglichkeiten. Die Preise sind gestaffelt nach Anzahl der Reisenden und nach Inland-/Auslandsreisenabrechnung.

Name	Vertrieb	aktuelle Version	Systeman-forderungen	Preis inkl. Mwst.
PC-Spesen III	SRS Software Products 7801 Umkirch	3.0	512 KB Hauptspeicher Laufwerk ab 720 KB	von 228,- DM bis 17.165,- DM

Kurzbeschreibung:
PC-Spesen verfügt über einen sogenannten "Einsteigermodus", der das Einarbeiten in das Programm erheblich erleichtert (filmähnliche Ablaufweise). Weitere Leistungsmerkmale: Erfassung von In- und Auslandsreisen, Vorschußverwaltung, Kassenbuch. Die Preise sind nach der Anzahl der Reisenden und nach Inlands-/Auslandsreisen gestaffelt.

Name	Vertrieb	aktuelle Version	Systeman-forderungen	Preis inkl. Mwst.
fil.WeeRT	R.A. Filter 2072 Bargteheide	3.01	400 KB freier Speicher DOS ab Version 2.11 Festplatte	5.472,- DM

Kurzbeschreibung:
Auch fil.WeeRT erlaubt die Verwaltung von In- und Auslandsreisen. Das Programm ist auch für große Datenmengen geeignet (mehr als 10.000 Abrechnungen pro Jahr). Der Preis dieses Pakets richtet sich nicht, wie bei den obenstehenden Programmen, nach der Anzahl der Reisenden bzw. nach In- und Auslandsversion.

6.6 Ausbildungs- und Karriereplanung

Die Ausbildungs- und Karriereplanung ist in den übergeordneten Bereich der *Personalveränderung* einzuordnen. Die Personalveränderung, die Beschaffung, Freisetzung und/oder Personalentwicklung beinhaltet, kommt bei einer Abweichung zwischen Personalbestand und Personalbedarf in quantitativer oder qualitativer Hinsicht zum Tragen. Der Teilbereich der *Ausbildungs- und Karriereplanung* beinhaltet im wesentlichen die unternehmensinterne *Personalentwicklung* und *-beschaffung*.

Grundsätzlich läßt sich dieser Bereich in drei hierarchische Ebenen aufteilen:
- Die *operative Ebene* befaßt sich mit der konkreten Maßnahmenplanung und konzentriert sich jeweils auf einen konkret zu besetzenden Arbeitsplatz, eine individuelle Fähigkeitslücke oder die Nachfolgeplanung bezogen auf eine zu besetzende Position.
- Die *taktische Ebene* geht über einzelfallspezifische Fragestellungen hinaus; sie beinhaltet generalisierende Überlegungen beispielsweise hinsichtlich einer Verbreiterung der informatorischen Basis im Rahmen der Personalbeschaffung oder hinsichtlich genereller Entwicklungsrichtlinien für die Veränderung des Leistungspotentials der Mitarbeiter.
- Die *strategische Ebene* schließlich realisiert die Abstimmung zwischen Personalentwicklung, -veränderung und -freisetzung. Hier sind Kriterien festzulegen, welche Kombinationen dieser drei Felder in welchen Situationen aus übergeordnet-strategischen Überlegungen zu präferieren sind.

Die PC-Unterstützung in diesem Bereich beschränkt sich hauptsächlich auf die operative Ebene. Neben der effizienten Verwaltung diesbezüglicher Daten berücksichtigt der Personal Computer hierbei auch spezifische Ausbildungs- und Karriereplanungen einzelner Mitarbeiter. Beispielsweise sind verschiedene Szenarien daraufhin durchzuspielen, welche Konsequenzen ein spezieller Karrierepfad für die übergeordneten und untergeordneten Ebenen haben würde.

Ein Hauptziel der Karriereplanung ist die *Personalentwicklung*. Sie umfaßt im weitesten Sinne Ausbildung, Fortbildung und Weiterbildung sowie generell die Mitarbeiterförderung. Personalentwicklungsmaßnahmen sind immer dann erforderlich, wenn Diskrepanzen zwischen Fähigkeiten und Anforderungen bestehen, die sich auf die momentane oder zukünftig geplante Position des jeweiligen Mitarbeiters beziehen.

Grundsätzlich existieren drei Schwerpunkte für eine Personalentwicklung:
- Eine aktuelle oder geplante Veränderung der Stellenaufgaben erfordert ein zumindest teilweises Schließen der Fähigkeitslücke und damit eine *Anpassungsentwicklung*.
- Steht vorrangig die innerbetriebliche Beschaffung von Führungskräften im Vordergrund, so wird eine *Aufstiegsentwicklung* notwendig.
- Soll die Personalentwicklung individuellen Zielen der Mitarbeiter Rechnung tragen, so ist die Notwendigkeit zu einer *Individualwunschentwicklung* gegeben.

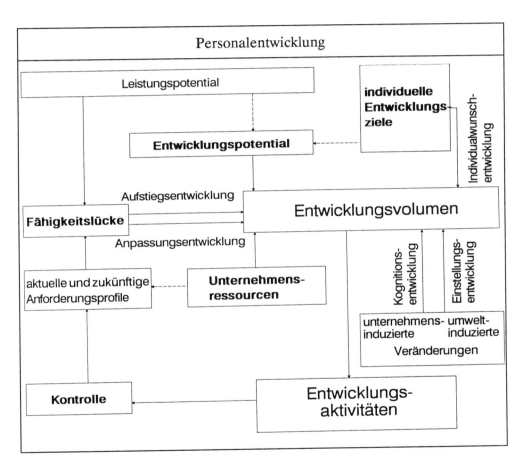

Die Personalentwicklung wird in verschiedene Teilaktivitäten unterteilt:
- Bestimmung der Fähigkeitslücke,
- Ermittlung des Entwicklungspotentials,
- Ermittlung des Entwicklungsvolumens,
- Festlegung des einzelfallspezifischen Adressatenkreises,
- Festlegung der einzelfallspezifischen Maßnahmen,

- Durchführung der Entwicklungsmaßnahme und
- Kontrolle der Personalentwicklung.

Ausgangsbasis für die Personalentwicklung ist das Gegenüberstellen von Anforderungsprofil und Fähigkeitsprofil. Dieser Vergleich führt zur Bestimmung einer *Fähigkeitslücke*. Hierbei treten jedoch verschiedene Probleme auf: Abgesehen davon, daß das exakte Bestimmen der Fähigkeitsprofile der Mitarbeiter sowie der Anforderungsprofile der zu besetzenden Stellen meist nicht vollständig möglich ist, ist die Vergleichbarkeit der Profile in aller Regel nicht gegeben. Dies betrifft die Strukturgleichheit der Profile ebenso wie die jeweilige Erhebungsmethodik.

In einem nächsten Schritt ist das individuelle *Entwicklungspotential* der betreffenden Mitarbeiter zu bestimmen. Diese Information ist Voraussetzung zur Festlegung, welche Fähigkeitsmerkmale bei welchen Mitarbeitern entwickelt werden sollen und können. Hierbei bestehen die gleichen Probleme wie im Rahmen der Erfassung der Fähigkeits- und Anforderungsprofile.

Nur in Ausnahmefällen kann das gesamte Entwicklungspotential eines Mitarbeiters durch betriebliche Weiterbildungsmaßnahmen wirklich ausgeschöpft werden. Hier ist schon aus ökonomischen Gesichtspunkten ein Beschränken auf die wesentlichen zukünftigen Anforderungen üblich. Das tatsächliche *Entwicklungsvolumen* hängt demnach nicht nur von der Fähigkeitslücke und dem Entwicklungspotential ab, mitausschlaggebend sind auch
- die zur Personalentwicklung bereitstehenden Unternehmensressourcen,
- die globale Entwicklungsstrategie sowie
- die individuellen Entwicklungsziele, deren Kongruenz zu den Entwicklungsmaßnahmen über den Erfolg einer Personalentwicklung mitentscheidet.

Dies verdeutlicht, daß eine Abstimmung dieser Hauptaspekte auf der operativen, individuumsbezogenen Ebene abgesehen von den angesprochenen methodischen Schwierigkeiten äußerst planungsintensiv ist. Hier setzt im wesentlichen die Unterstützung durch den Personal Computer an. Nach der Festlegung der Adressatengruppe sind die *konkreten Entwicklungsmaßnahmen* zu bestimmen.

Nachfolgend wird die PC-gestützte Ausbildungs- und Karriereplanung anhand des Programms **Executive Track** näher erläutert.

Anwendungsbeispiel: Executive Track

```
                    Executive Track: Hauptmenü
┌─────────────────────────────────────────────────────────────────┐
│ MUSTER              E x e c u t i v e   T R A C K              │
│                       Allgemeine Personaldaten                  │
│ ┌─────────────────────────────────────────────────────────────┐ │
│ │ Name    :                              Pers.Nr:            │ │
│ │ Position:                              Code:               │ │
│ └─────────────────────────────────────────────────────────────┘ │
│ Geburtsdatum    :          Jre   Mon  Geschlecht:  Staatsangeh.:│
│ Beförderungsdat.:          Jre   Mon  Fam. Stand:  Geschützte   │
│ Einstellungsdat.:          Jre   Mon  Kinder    :  Personen    :│
│                                                                 │
│    Sprachen     Qualifikation Sprechen Lesen Schreiben Übersetzen│
│ 1.                                                              │
│ 2.                                                              │
│ 3.                                                              │
│          Privatadresse              Arbeitsadresse              │
│ Straße 1                       Straße 1                         │
│        2                              2                         │
│ ┌─────────────────────────────────────────────────────────────┐ │
│ │                     H A U P T M E N Ü                      │ │
│ │   ▌AUSWAHL▐   ZEIGE    SZENARIO   BERICHTE   DIENSTP   ENDE│ │
│ │   Springe von Schirm zu Schirm                             │ │
│ └─────────────────────────────────────────────────────────────┘ │
└─────────────────────────────────────────────────────────────────┘
```

Ziel des Programmes **Executive Track** der Firma **H.R. Software** ist es, die richtigen Personen zur richtigen Zeit in den richtigen Positionen einzusetzen. Das Programm gliedert sich in fünf Hauptbereiche:

- *Datenschirm-Menü*, aufgeteilt in eine Personaldatei mit Personaldaten und eine Positionsdatei mit Positionsdaten;
- *Zeige-Menü*, das ein Hin- und Herspringen beispielsweise zwischen Vorgesetzten und Untergebenen, der Stellenplanung oder auch der Karriereplanung erlaubt;
- *Szenario*, das beispielsweise Berichte und Dominolisten erstellt, die die Folgen des Versetzens eines Mitarbeiters auf den hierarchisch über- und untergeordneten Ebenen verdeutlichen;
- *Bericht-Menü*, beispielsweise zur Datenauswahl und Sortierung;
- *Dienstprogramme*, die zur Wartung der Datenbank, zum Datentransfer und auch zur Eingabe von DOS-Befehlen dienen.

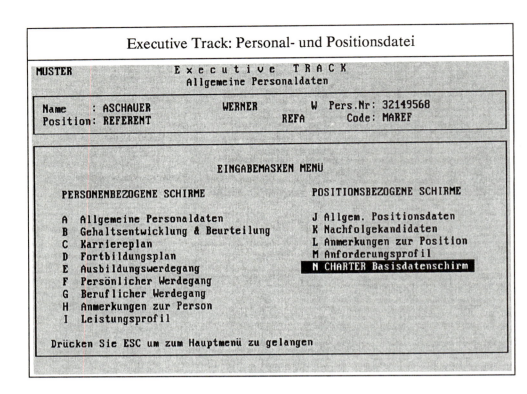

Die *Personal- und Positionsdatei* enthält als Voraussetzung für weitere Berechnungen sämtliche relevanten Daten für die Personalentwicklung. Die Unterpunkte vermitteln in ihrer Gesamtheit einen Überblick hinsichtlich der zur Personalentwicklung notwendigen Ausgangsinformationen.

Die allgemeinen *Personaldaten* bestehen neben dem Namen, der Position und der Adresse aus den Sprachkenntnissen sowie dem Einstellungs- und Beförderungsdatum des Betreffenden. Die *Gehaltsentwicklung und Beurteilung* gibt Informationen über gezahlte Prämien sowie das derzeitige Gehalt mit bis zu drei vorhergehenden Gehaltsstufen. Die *Leistungsbeurteilung* erlaubt durch die Berücksichtigung von Leistungsstufen der Vergangenheit einen Überblick über die Beurteilung des betreffenden Mitarbeiters im Zeitablauf. Der *Karriereplan* stellt Informationen über die nächsten geplanten Positionen, die geplante Neubesetzung, individuelle Präferenzen und Einschränkungen sowie den Namen des geplanten Nachfolgekandidaten zur Verfügung.

```
┌─────────────────────────────────────────────────────────────────────┐
│              Executive Track: Fortbildungsplan                      │
│ MUSTER              E x e c u t i v e   T R A C K                   │
│                           Fortbildungsplan                          │
│ ┌─────────────────────────────────────────────────────────────────┐ │
│ │ Name     : ASCHAUER       WERNER        W  Pers.Nr: 32149568    │ │
│ │ Position : REFERENT                REFA     Code: MAREF         │ │
│ └─────────────────────────────────────────────────────────────────┘ │
│                                                             Abge-   │
│      Geplante Fortbildungsaktivitäten    Code   Start   Ende  legt  │
│   1. STRESS MANAGEMENT                   STM    06/23/87 07/31/87   │
│   2. MARKETING IV                        MA IV  06/01/88 06/21/88   │
│   3. MARKETING V                         MA V   09/01/88 09/21/88   │
│   4. WERBUNGS KURS                       WK     12/01/88 12/21/88   │
│   5.                                                                │
│   6.                                                                │
│   7.                                                                │
│   8.                                                                │
│   9.                                                                │
│  10.                                                                │
│                                                                     │
│  Zu erwartender Abschluß                                    Abge-   │
│  Titel   Code    Fach      Institution    Code   Start  Ende  legt  │
│                                                                     │
│  ESC um zum Menü zu gelangen.                                       │
└─────────────────────────────────────────────────────────────────────┘
```

Im Gegensatz zum zukunftsorientierten *Fortbildungsplan* ist der *Ausbildungswerdegang* (Punkt "E") im Rahmen der Personaldateien vergangenheitsbezogen. Der *persönliche Werdegang* bezieht sich vornehmlich auf die unternehmensexterne berufliche Entwicklung des betreffenden Mitarbeiters. Dies sind neben dem Titel und den Berufserfahrungen weitere Qualifikationen sowie externe Arbeitserfahrungen. Der *berufliche Werdegang* bezieht sich hingegen auf die unternehmensinterne Ebene. Bei den *Anmerkungen zur Person* ist der Beurteiler nicht an vorgegebene Formulare und Schemata gebunden. Hier wird gegebenenfalls ein frei formulierter Text eingegeben.

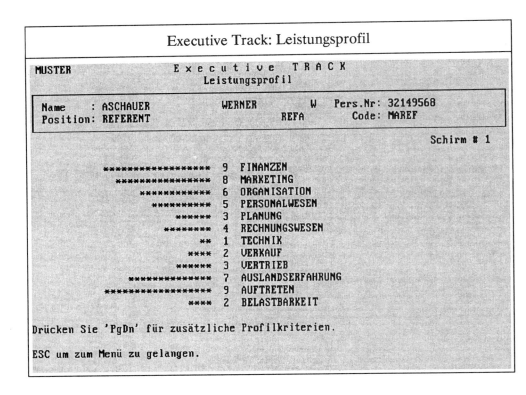

Das *Leistungsprofil* als abschließender Menüpunkt im Rahmen der Personaldateien soll einen Überblick über die Leistungsmerkmale des jeweiligen Mitarbeiters vermitteln. In diesem Zusammenhang ist die Gefahr hervorzuheben, daß dem Betrachter eine objektive Einschätzung des Mitarbeiters suggeriert wird. Allzu leicht läßt man sich dazu verleiten, das dargestellte Bild zu übernehmen, ohne die Methodik zur Erhebung dieser Informationen zu hinterfragen oder sich selbst unvoreingenommen ein eigenes Bild über den jeweiligen Mitarbeiter zu verschaffen. Daher darf diese Darstellung über die erheblichen methodischen Probleme zur Erfassung des Leistungsprofiles eines Mitarbeiters nicht hinwegtäuschen.

Bei den *Positionsdaten* beinhalten die allgemeinen Positionsdaten zunächst neben der Position die Funktion, die zugeordnete Abteilung, die üblichen Gehaltsspannen sowie eine Zuordnung zu dem Nächstvorgesetzten. Die Option *Nachfolgekandidaten* kann bis zu zehn potentielle Nachfolger berücksichtigen. Die Anmerkungen zur Position sind analog zu den Anmerkungen zum Mitarbeiter frei formulierbar. Dies erscheint aufgrund der unüberschaubaren Fülle der relevanten Aspekte im Rahmen der Positionsbeschreibung angemessen. Hinsichtlich des *Anforderungsprofiles*, korrespondierend zum *Leistungsprofil* aufgebaut, bestehen analoge methodische Be-

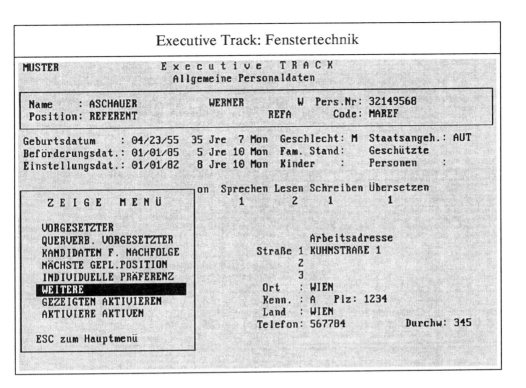

denken. Ob sich sämtliche relevanten Aspekte überhaupt benennen lassen und ob diese exakt quantifizierbar sind, ist zu bezweifeln.

Im Anschluß an die *Auswahl* verdeutlicht das *Zeige-Menü* Querverbindungen innerhalb des Unternehmens zwischen dem zuvor in der Personaldatei aktivierten Mitarbeiter und seinen Vorgesetzten, eventuellen Kandidaten für die Nachfolge oder auch der nächsten geplanten Position. Die Auswahl der einzelnen Unterpunkte erfolgt hier wie im gesamten Programm menügesteuert mittels Fenstertechnik.

```
                    Executive Track: Dominoliste
                         E x e c u t i v e   T R A C K
         NACHFOLGEPLANUNG                                         MUSTER
         Aktiver Positionsinhaber:
         SCHLEIER           ANDREAS          REFERENT             RES



                             DOMINO LISTE
             1. ASCHAUER     WERNER          REFERENT             REFA
             2. TELLER       IRENE           STABSTELLE           STT
             3. SCHLEIER     ANDREAS         REFERENT             RES
             4. STURZ        PETER           REFERENT             REFFG
             5. ENGEL        SABINE          ABTEILUNGSLEITER     ABNM
             6. ASCHAUER     WERNER          REFERENT             REFA
             7. TELLER       IRENE           STABSTELLE           STT
             8. SCHLEIER     ANDREAS         REFERENT             RES
                         S Z E N A R I O - M E N Ü

          HINZUFÜGEN   ERSTELLEN   LÖSCHEN   NEU   DRUCKEN   BERICHT   AKTUALISIEREN

            Füge Gezeigten zur Liste hinzu und aktiviere diesen

          ESC zurück zum Hauptmenü
```

Das *Szenario-Menü* dient hautsächlich zum Erstellen, Ändern und Löschen von Dominolisten. Dominolisten enthalten die jeweiligen an Nummer 1 gesetzten Nachfolger eines Mitarbeiters für den Fall, daß dieser eine momentane Position verläßt. Der oben gezeigte Bildschirminhalt mit einer Dominoliste, die acht Mitarbeiter enthält, zeigt, welche Mitarbeiter im Falle der Versetzung des ersten auf der Liste betroffen wären, sofern tatsächlich der auf der jeweiligen Nachfolgeliste an Position 1 stehende Nachfolger zum Zuge kommt.

Das *Berichtswesen* bei **Executive Track** beinhaltet 36 Standardberichte für verschiedenste Abfragen. Ein zusätzlicher Formulargenerator erlaubt sowohl eine Bearbeitung dieser Standardberichte als auch die Erstellung spezifischer Berichte. Der Menüpunkt *Dienstprogramme* bezieht sich auf den Datentransfer, die gesonderte Paßwortvergabe, die Ausführung von DOS-Befehlen und die Wartung der Datenbank bei Inkonsistenzen.

Resümee

Die PC-Unterstützung zur Ausbildungs- und Karriereplanung macht einen wichtigen Aspekt wiederum besonders deutlich: Die EDV läßt sich als effizientes Hilfsmittel zur Unterstützung vieler Aufgaben im Personalwesen einsetzen. Dies darf allerdings keinesfalls zur Informatikgläubigkeit führen, die vergißt, daß sich das PC-gestützte Personalmanagement immer auf Menschen bezieht. Die vollständige Berücksichtigung sämtlicher relevanten Aspekte ist in den meisten Personalmanagementfeldern demnach völlig unmöglich. Der Personal Computer kann zwar die Daten aus Leistungs- und Anforderungsprofilen effizient verwalten und rechnerisch vergleichen. Der Personal Computer macht aber keine Aussagen darüber, auf welche Art und Weise man an diese Informationen gelangt ist.

Checkliste: Ausbildungs- und Karriereplanung

Produktname							
Version:	▓	deutsch			▓	englisch	
Hardwarevoraussetzungen							
Kategorie	▓	XT	▓	AT	▓	386er	▓ 486er
Arbeitsspeicher							KB
Festplatte	▓	Ja:	MB verfügbar		▓	Nein	
Grafikstandard	▓	CGA	▓	Hercules	▓	EGA	▓ VGA
Maus empfohlen	▓		Ja		▓	Nein	
Betriebssystem							
Typ	▓	DOS	▓	OS/2	▓	UNIX	
Version							
SAA-Konzept							
	▓		Ja		▓	Nein	
Service							
Installation	▓		Ja		▓	Nein	
Dokumentation	▓		deutsch		▓	englisch	
Hotline	▓		Ja		▓	Nein	
Schulung	▓		Ja		▓	Nein	
Einarbeitungsaufwand							
	▓	niedrig	▓	mittel	▓	hoch	
Hilfefunktionen							
	▓ ohne	▓ Tutorial	▓ online	▓ situativ	▓ Querverweise		
Auswertungen / Statistik							
	▓		Ja		▓	Nein	
Datenzugriffsschutz							
	▓	Paßwort	▓	...	▓	Nein	
Kontrolle des Ausbildungsstandes							
	▓		Ja		▓	Nein	
Maximale Anzahl Auszubildender							
Reportgenerator							
	▓		Ja		▓	Nein	
Verwaltung von Ausbildungsdaten							
	▓		Ja		▓	Nein	
Verwaltung von Ausbildungsinhalten							
	▓		Ja		▓	Nein	
Unterstützung vorhandener Drucker							
	▓	Ja	▓	gegen Aufpreis	▓	Nein	
Weitere Programm-Module							
	▓						
Sonstiges							
Dominolisten	▓		Ja		▓	Nein	
Personaldatenverwaltung	▓		Ja		▓	Nein	
Planungsweise	▓		automatisch		▓	manuell	
Verwaltung von Beurteilungen	▓		Ja		▓	Nein	
Preis							

Ausbildungs- und Karriereplanung					
Name	Vertrieb	aktuelle Version	Systeman-forderungen	Preis inkl. Mwst.
Executive Track	H.R. Software 4000 Düsseldorf	3.1	512 KB Hauptspeicher MS-DOS ab Version 2.0 Festplatte	ab 30.780,- DM

Kurzbeschreibung:
Durch den modularen Aufbau des Programmes wird die Anpassung an wachsende Anforderungen des Anwenders ermöglicht. Executive Track bietet auch die Möglichkeit, Strukturen grafisch darzustellen und Szenarien zu bilden. Die Struktur der verwendeten Datenbanken und Eingabemasken können vom Anwender selbst verändert werden.

Name	Vertrieb	aktuelle Version	Systeman-forderungen	Preis inkl. Mwst.
VPLAN	GTK 2050 Hamburg	4.2	512 KB Hauptspeicher DOS ab Version 2.11 Festplatte	ab 9.120,- DM

Kurzbeschreibung:
VPLAN soll Ausbildungsleitern die Erstellung eines Versetzungsplans für Auszubildende erleichtern, indem eine weitestgehend automatische Versetzungsplanung ermöglicht wird. Dem Ausbilder stehen dabei vielfältige Hilfen zur Verfügung. Der o.g. Preis bezieht sich auf die Version für bis zu 50 Auszubildende.

Name	Vertrieb	aktuelle Version	Systeman-forderungen	Preis inkl. Mwst.
System 7.02	Transferzentrum Konstanz 7750 Konstanz	02	640 KB Hauptspeicher DOS ab Version 3.1 Festplatte	ab 5.686,- DM

Kurzbeschreibung:
Als Datengrundlagen für dieses Programm dienen die Daten der Auszubildenden, der Lernzielkatalog des Ausbildungsganges, Abteilungsdaten sowie Beurteilungskriterien. System 7.02 verfügt außerdem über ein Trainingssystem, mit dem alle Arbeitsschritte mit Trainingsdaten ausprobiert werden können.

6.7 Führungskräfte-Fortbildung

Die PC-gestützte Fortbildung speziell für Führungskräfte ist ein Bereich, dem zunehmend Aufmerksamkeit geschenkt wird: Dies gilt für Unternehmen gleichermaßen wie für öffentliche Verwaltungen. Angesichts der zunehmenden Leistungsfähigkeit von Personal Computern gewinnen nicht nur die reinen Lernprogramme ("Tutorials") und diversen Formen der Wissensvermittlung, sondern vor allem Unternehmensplanspiele an Bedeutung. So läßt sich beispielsweise das vielzitierte "vernetzte Denken" besonders gut über Planspiele simulativ erlernen.

Die *Historie* von Unternehmensspielen geht bis in das siebzehnte Jahrhundert zurück. Während ihr Ursprung hauptsächlich in den taktischen und strategischen Entscheidungsprozessen militärischer Bereiche liegt, wurden die ersten betriebswirtschaftlich orientierten Planspiele in den 50er Jahren dieses Jahrhunderts entwickelt.

Der *Anwendung* von Unternehmensplanspielen können vielfältige Intentionen zugrundeliegen:
- Aneignung beziehungsweise Weiterentwicklung dispositiver Fähigkeiten,
- Wissensvermittlung bezüglich interdependenter Problemstrukturen anhand gesamtunternehmerischer Problemstellungen,
- Verbesserung der Teamfähigkeit und des Führungsverhaltens.

Die *Entwicklung* weiterer Planspiele in der jüngeren Vergangenheit ist hauptsächlich durch Fortschritte auf den Gebieten der Unternehmensforschung und der elektronischen Datenverarbeitung geprägt. Grundsätzlich sind "General Management Games" von "Functional Management Games" zu unterscheiden: Erstere sollen das Unternehmen als Ganzes abbilden, Functional Management Games beschränken sich auf die Simulation eines betrieblichen Teilbereiches.

Unabhängig vom konkreten Inhalt müssen Planspiele einfach, robust, (umfassend) steuerbar, vollständig und benutzerfreundlich sein. Auch sollten die Möglichkeiten moderner EDV-Technologie (wie Betrieb im PC-Netz) weitgehend genutzt werden.

Anwendungsbeispiel: PLUS-P

PLUS-P ist ein General Management Game, das einen besonderen Schwerpunkt im Personalbereich hat. Diesem Spiel liegt die These zugrunde, daß das Personal zukünftig als der Erfolgsfaktor schlechthin anzusehen ist. Somit sind nicht nur Personalverantwortliche angesprochen, sondern Führungskräfte aus allen betrieblichen Teilbereichen. Die konzeptionelle Entwicklung und EDV-technische Umsetzung des General Management Games **PLUS-P** (**Pl**anspiel zur **U**nternehmens**S**imulation unter besonderer Berücksichtigung von **P**ersonalmanagementfunktionen) resultiert aus den grundsätzlichen *Anforderungen*, die an ein Unternehmensplanspiel zu stellen sind: Als Rahmen wurde ein branchenunabhängiges interaktives Modell mit der Integration stochastischer Elemente festgelegt. Hinzukommen "soft facts" wie Firmenkultur und Unternehmensimage. Um die Flexibilität der Spielabläufe zu gewährleisten, ist einem Spielleiter die Festlegung und Variation einer großen Zahl von Parametern zu überlassen.

Kernpunkt von **PLUS-P** ist die EDV-gestützte Umsetzung der Personalmanagementfelder im Rahmen der oben skizzierten Anforderungen. Neben dem Personalbereich umfaßt es die betrieblichen Funktionen:
- Produktion
- Absatz
- Finanzierung.

Die Darstellung des Hauptmenüs gibt einen Überblick über den Funktionsumfang vom **PLUS-P**. Aus Gründen der Übersichtlichkeit sind im Personalbereich lediglich die Hauptfelder aufgeführt. Eine detaillierte Übersicht des Personalmenüs findet sich bei den Ausführungen zum Spielverlauf.

Inhaltlich zeichnet sich **PLUS-P** durch die Simulation eines Personalmanagements auf operativer Ebene aus: Jedes Unternehmen verfügt über ein Potential an Mitarbeitern, die individuell zu führen und zu verwalten sind.

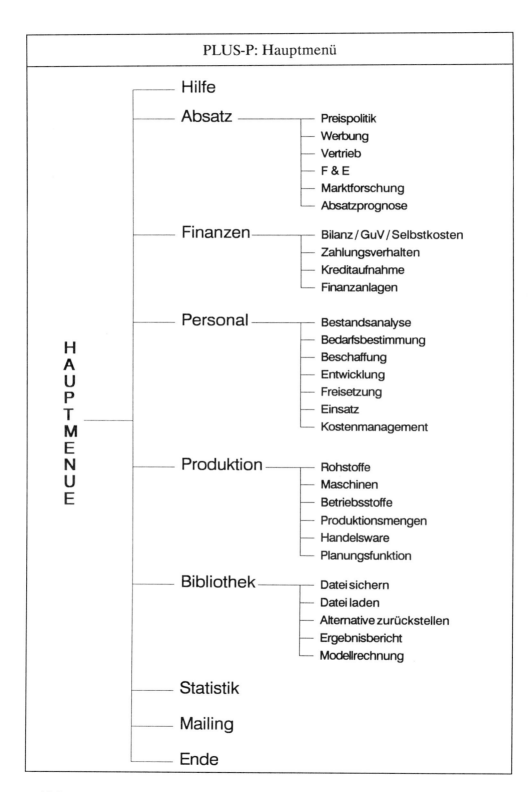

Die technische Umsetzung von **PLUS-P** auf dem Personal Computer erfolgt mit Hilfe einer benutzerfreundlichen virtuellen Fenstertechnik. Dies ermöglicht dem Benutzer das Zusammenstellen momentan relevanter Informationen auf dem Bildschirm. In einem frei wählbaren Fenster können Entscheidungsdaten eingegeben und/oder verändert werden, ohne dabei auf die gleichzeitige Darstellung weiterer Daten verzichten zu müssen.

PLUS-P ist für ein PC-Netzwerk konzipiert. Es kann im Bedarfsfall auch auf einem einzelnen PC gespielt werden, verliert dabei aber den Reiz des zeitgleichen "Gegeneinanderspielens". **PLUS-P** erlaubt die Berücksichtigung von bis zu zwanzig konkurrierenden Unternehmen.

Ausgangssituation bei Spielbeginn

Der Spieler beziehungsweise das Spielerteam übernimmt zu Beginn der ersten Periode ein bereits existierendes Unternehmen. Bei den Produktmärkten besteht ein *Angebotsoligopol*: Am Markt befinden sich wenige große Anbieter, die sich einer großen Anzahl von Nachfragern gegenübersehen. Jedes Unternehmen produziert drei verschiedenartige Produkte mit spezifischen Eigenschaften:

- *Produkt A* ist ein auf dem Markt etabliertes, ausgereiftes Massenprodukt. Der Vertrieb erfolgt hauptsächlich über Supermärkte und Versandhäuser. Es spricht eine große, heterogene Käuferschicht an.
- *Produkt B* ist ein Massenprodukt auf wachsendem Markt, das bereits einen relativ hohen Qualitätsstandard besitzt. Der Hauptumsatz wird in Fachgeschäften und Fachabteilungen großer Warenhäuser erzielt.
- *Produkt C* ist ein hochinnovatives High-Tech-Produkt, welches noch auf dem Markt zu etablieren ist. Die persönliche Beratung und Betreuung der Kunden durch ausgebildetes Fachpersonal ist vertriebsnotwendig. Individuelle Produktgestaltung und kundenspezifische Veränderungen erfordern auch in der Produktion verstärkt den Einsatz von hochqualifiziertem Personal.

Jedes Unternehmen ist in der Lage, diese Produkte in Eigenfertigung herzustellen oder als Handelsware extern zu beziehen. Zur Eigenerstellung der Produkte bedarf es der Produktionsfaktoren Mitarbeiter, Maschinen sowie Roh- und Betriebsstoffe.

Bei Spielbeginn verfügt jedes Unternehmen über die gleiche Anzahl von Mitarbeitern verschiedener Qualifikationsstufen in der Produktion (a0 bis a4) und der Verwaltung (b0 bis b5):
- a0 : Lehrlinge
- a1 : Hilfsarbeiter
- a2 : Gesellen
- a3 : Facharbeiter
- a4 : Meister
- b0 : Auszubildende
- b1 : Schreibkraft
- b2 : Sachbearbeiter
- b3 : Trainees
- b4 : Abteilungsleiter
- b5 : Geschäftsführer

Die Mitarbeiter der *Produktion* werden an einem von vier Maschinentypen eingesetzt. Der Lohn errechnet sich aus den individuellen Stundenlöhnen und der geleisteten Arbeitszeit in der laufenden Periode. Zur kurzfristigen Anpassung sind Überstunden und Kurzarbeit möglich.

Im *Verwaltungsbereich* erhalten die Angestellten ein von der Arbeitszeit unabhängiges monatliches Gehalt. Die Verwaltung besteht aus vier Abteilungen, in denen das Personal einzusetzen ist:
- Werbung,
- Vertrieb,
- Forschung und Entwicklung sowie
- Finanzierung.

Neu eingestellte Mitarbeiter in der Produktion und der Verwaltung müssen spezifischen Arbeitsplätzen zugewiesen werden. Geschieht dies nicht, erbringen sie für das Unternehmen keine Leistung.

Zwischen den Unternehmen herrscht auf verschiedenen Teilmärkten Konkurrenz:
- Absatzmarkt,
- Arbeitsmarkt,
- Rohstoffmarkt.

Auf dem *Absatzmarkt* werden die drei Produktarten verkauft. Es bestehen weder Substitutions- noch Komplementärbeziehungen zwischen den Produktarten. Die realisierte Absatzmenge jedes Unternehmens hängt von fol-

genden Einflußfaktoren ab:
- Produktpreise im Verhältnis zur Konkurrenz,
- Gesamtangebotsmenge aller Unternehmen,
- Produktbezogene Entscheidungsparameter in den Bereichen Forschung & Entwicklung, Werbung und Vertrieb,
- Unternehmensimage sowie
- Konjunktur und externe Effekte.

Eine *Verflechtung der Unternehmen* besteht unter anderem über einen dynamischen *Arbeitsmarkt*, auf dem Mitarbeiter beschafft werden können, in den aber auch Mitarbeiter zurückfluktuieren. Die Dynamik des Arbeitsmarktes kommt zudem beispielsweise dadurch zum Tragen, daß die Arbeitskräfte im Laufe der Spielzeit altern, somit unter Umständen pensioniert werden. Auch können Mitarbeiter erkranken. Der individuelle Leistungsgrad unterliegt Schwankungen aufgrund personalpolitischer Maßnahmen. Die wesentlichen Zuordnungskriterien im Rahmen der Mitarbeiterbeschaffung sind:
- Qualifikationswunsch,
- Gehaltsangebot,
- Beschaffungsweg,
- Leistungsgrad,
- Umfang des Arbeitsmarktes sowie
- Beschaffungsaktivitäten der Konkurrenz.

Auf dem *Rohstoffmarkt* werden die vier Rohstoffarten auf verschiedenen, voneinander unabhängigen Märkten gehandelt. Die jeweiligen Marktvolumina und die Mindestpreise sind vom Spielleiter vorgegebene Parameter. Über die Zuordnung der Rohstoffe entscheiden folgende Kriterien, jeweils unter Berücksichtigung der Konkurrenzdaten:
- Preisangebot,
- Bestellmenge,
- Preisschwankungsindex sowie
- Mengenschwankungsindex.

Im *Finanzbereich* finden alle unternehmerischen Aktivitäten ihre Auswirkungen in der Gewinn- und Verlustrechnung und in der Bilanz, die nach amerikanischem Muster quartalsbezogen erstellt wird.

Spielverlauf

Zu Spielbeginn werden vom Spielleiter und den Mitspielern die primär zu erreichenden *Unternehmensziele* sowie die Anzahl der zu spielenden Perioden vereinbart. Eine Spielperiode entspricht einem Quartal.

Denkbare Zielsetzungen sind beispielsweise:
- Gewinnmaximierung,
- Marktführerschaft,
- stetiges Unternehmenswachstum,
- hohes Unternehmensimage,
- hoher "Kulturindex" als Indikator für eine geschickte Personalführung,
- hoher Leistungsgrad der Mitarbeiter oder auch
- niedrige Selbstkosten.

Auf eine dezidierte Darstellung der allgemeinen Management-Funktionen von **PLUS-P** wird hier verzichtet. Im Mittelpunkt der folgenden Ausführungen soll vielmehr der Personalbereich stehen.

Die Verwirklichung der operativen Ebene im Personalbereich erfordert die Verwaltung von Einzelpersonen mit *individuellen Eigenschaftsausprägungen*. Ein Mitarbeiter auf dem **PLUS-P**-Arbeitsmarkt besitzt dabei folgende Charakteristika:
- Name,
- Alter,
- Qualifikation,
- Gehalt beziehungsweise Stundenlohn,
- Leistungsgrad (eine kumulierte Größe, die Eignung, Leistungsfähigkeit und Motivation eines Mitarbeiters ausdrückt).

Jeder Mitarbeiter eines Unternehmens erhält zudem als *Kennungen*:
- Personalnummer,
- Stelle bzw. Arbeitsplatz sowie
- "Kulturindex".

Darüber hinaus haben alle Firmenangehörige *individuelle Merkmalsausprägungen*, die ihre Verfügbarkeit für das Unternehmen beeinflussen. Darunter fallen beispielsweise Krankheit, Fortbildung, Qualifikation, Kündigung, Kurzarbeit.

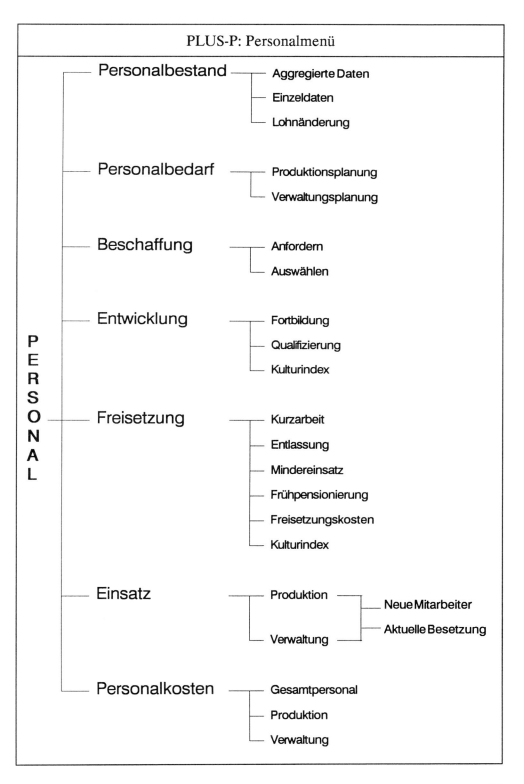

Nicht jedes der oben genannten Merkmale ist vom Spieler beeinflußbar. Beispielsweise sind in jeder Periode "automatisch" verschiedene Mitarbeiter krank und damit nicht einsetzbar. Das Personal altert und verläßt, wenn das vom Spielleiter festzusetzende Pensionierungsalter erreicht ist, das Unternehmen. Der Spieler hat hier nur die Möglichkeit, auf diese Ereignisse zu reagieren und sie in seiner Planung zu berücksichtigen.

Anders verhält es sich dagegen beispielsweise mit dem Lohnniveau: Ist das Lohnniveau eines Unternehmens geringer als auf dem übrigen Arbeitsmarkt, kündigen einige Mitarbeiter selbständig. Dies ist vorbeugend im Rahmen einer entsprechenden Lohnpolitik steuerbar.

Im folgenden wird die Umsetzung der einzelnen Personalmanagementfelder in Anlehnung an die Menüstruktur des Personalbereichs beschrieben.

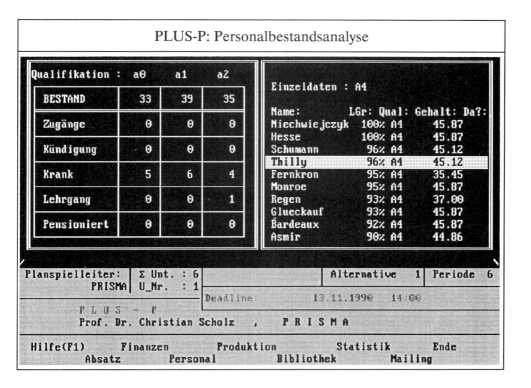

Die *Personalbestandsanalyse* beinhaltet abgesehen von Informationen über kumulierte und individuelle Mitarbeiterdaten die Durchführung von Lohnänderungen.

Zunächst hat der Spieler in der Bestandsanalyse Gelegenheit, sich einen Überblick über die *aggregierte Anzahl* der Mitarbeiter pro Qualifikationsstufe zu verschaffen. Auch erfolgt hier die Information über Ausfälle durch direkte Entwicklungsmaßnahmen und Krankheit. Zudem werden mittelfristige Veränderungsaktivitäten, wie die Anzahl der Kündigungen und der Neuzugänge, ausgewiesen.

Unter der Rubrik *Einzeldaten* erhält der Benutzer detaillierte Informationen zu jedem einzelnen Mitarbeiter. Eine Vorauswahl der Qualifikation oder der Lohngruppe erleichtert den gezielten Zugriff auf bestimmte Personengruppen.

Bei der *Lohnänderung* besteht die Möglichkeit, für den einzelnen Mitarbeiter den Lohn innerhalb bestimmter Grenzen zu verändern. Beispielsweise bildet der Tarifstundenlohn eine Untergrenze für das Produktionspersonal der jeweiligen Qualifikationsstufe.

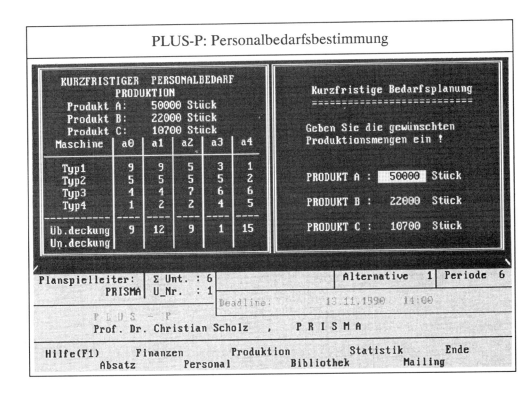

Die *Personalbedarfsbestimmung* berechnet die Anzahl der benötigten Produktionsmitarbeiter in Abhängigkeit von der geplanten Produktion. Der Bedarf an Verwaltungsmitarbeitern steht in fester Relation zum Bestand des Produktionspersonals. Dies soll ein realistisches Verhältnis von Mitarbeitern in Verwaltung und Produktion gewährleisten.

Im Rahmen der *Produktionsplanung* kann der Spieler bei langfristiger Planung des Personalbedarfs beliebige Eingaben der gewünschten Produktion vornehmen. Um eine kurzfristige Planung durchzuführen, kann auf die vorbesetzten Zahlen aus der Produktion zurückgegriffen werden.

Die Anzeige des Personalbedarfs erfolgt matrixförmig pro Qualifikation und Maschine. Bei der Berechnung wird von durchschnittlichen Arbeitern pro Qualifikation ausgegangen. Tritt eine Unter- oder Überdeckung auf, so wird diese über die Maschinen aufsummiert für jede Qualifikation ausgewiesen, um eine langfristige oder mittelfristige Personalpolitik zu ermöglichen.

Bei der *Verwaltungsplanung* werden die Mitarbeiter ausschließlich innerhalb des Personalbereichs operativ verwaltet. Die nachfolgenden Bereiche

```
┌─────────────────────────────────────────────────────────────────────┐
│                  PLUS-P: Personalveränderung                        │
├─────────────────────────────────────────────────────────────────────┤
│  *** PRODUKTIONSMENGEN ***            *** BETRIEBSSTOFFE ***        │
│                                                                     │
│           Prod.A  Prod.B  Prod.C           Verbrauch Bestand Bestell-│
│                                             Vorper.  [STK]   menge  │
│  Vorperiode                         BS:                             │
│  - Prod.  50000   22000   10700     Typ 1    600     2300    1000   │
│  - Lager  31992     210   19222                                     │
│                                       2      600     2520    1000   │
│  geplante 50000   22000   10700                                     │
│  Prod.                                3      680     2990    1200   │
│                                                                     │
│  Präferenzordnung: Prod.  B  C  A                                   │
│                                                                     │
│  Instandhaltungssatz: 100 [% max.Kap]                               │
├─────────────────────────────────────────────────────────────────────┤
│  Planspielleiter:  Σ │«Beschaffung» │    Alternative 1  Periode 6   │
│           PRISMA   U │«Entwicklung» │                               │
│                      │«Freisetzung» │e:    13.11.1990   14:00       │
│    PLUS -                                                           │
│    Prof. Dr. Christian Scholz    ,    P R I S M A                   │
│                                                                     │
│  Hilfe(F1)     Finanzen      Produktion      Statistik       Ende   │
│          Absatz          Personal        Bibliothek    Mailing      │
└─────────────────────────────────────────────────────────────────────┘
```

arbeiten mit aggregierten Größen in Form des Leistungsgrades der Verwaltung. Die Verwaltungsplanung zeigt den Bedarf an Mitarbeitern an, der einen optimalen Leistungsgrad bewirkt und die geringste Abweichung vom Realbestand des Unternehmens mit sich bringt. Da nur Idealverhältnisse in horizontaler und vertikaler Richtung vorgegeben sind, wird der Bedarf an Verwaltungspersonal pro Qualifikation und davon unabhängig pro Abteilung aufgezeigt.

Die *Personalveränderung* stellt Instrumentarien zur Verfügung, um Differenzen zwischen Bedarf und Bestand sowohl kurz- als auch mittelfristig auszugleichen. Sie beinhaltet die *Personalbeschaffung, -entwicklung und -freisetzung*.

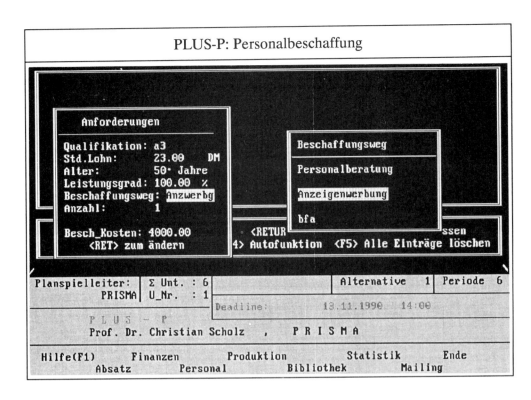

Die *Personalbeschaffung* gibt die Möglichkeit, Mitarbeiter nach einem genauen Anforderungsprofil vom Arbeitsmarkt anzufordern. In einem zweiten Schritt können die Bewerber, die der Arbeitsmarkt dem Unternehmen zuteilt, vom Spieler eingestellt oder abgelehnt werden.

Es sind drei verschiedene *Beschaffungswege* vorgesehen, um Personal anzufordern. Die Beschaffungswege unterscheiden sich hinsichtlich der entstehenden Kosten und der Erfolgswahrscheinlichkeit. Der günstigste, aber unzuverlässigste Weg führt über die Bundesanstalt für Arbeit. Desweiteren können Stellen über Anzeigenwerbung ausgeschrieben werden. Die teuerste Alternative ist die Personalberatung, die vornehmlich bei einem Bedarf an hochqualifizierten Mitarbeitern zum Tragen kommen sollte.

Gegebenenfalls können explizite Anforderungsprofile erstellt und später verändert werden. Eine schnelle Beschaffung ist aber auch über eine "Automatikfunktion" möglich, mit deren Hilfe für jedes Unternehmen aus dem bisherigen Personalbestand Durchschnittsprofile erstellt werden.

Im Hinblick auf die *Auswahl der Mitarbeiter* bestimmt der Spieler anhand des Fähigkeitsprofils des vom Arbeitsmarkt zugeteilten Bewerbers, ob eine Einstellung erfolgen soll. Die Anzahl der abgelehnten und eingestellten Bewerber ist jederzeit während einer Spielperiode änderbar. Gegebenenfalls muß jedoch allen in dieser Periode eingestellten und eingesetzten Mitarbeitern erneut ein Arbeitsplatz zugewiesen werden. Beschaffungskosten fallen für jeden Bewerber an, unabhängig davon, ob eine Einstellung oder eine Absage erfolgt.

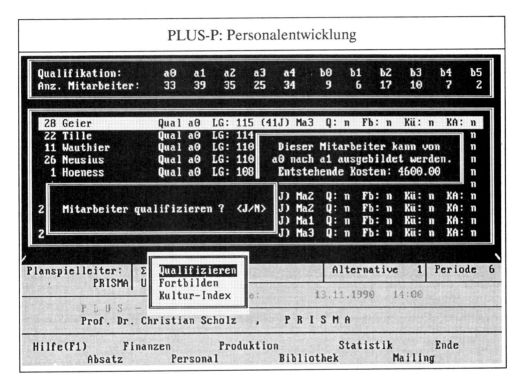

Die *Personalentwicklung* sieht vor, durch Fortbildungsmaßnahmen den Leistungsgrad zu beeinflussen und durch Weiterbildung die Qualifikationsstufe eines Mitarbeiters zu erhöhen.

Im Rahmen der *Fortbildung* können einzelne Mitarbeiter ausgewählt und ihr Leistungsgrad um bis zu 15 % erhöht werden. Die anfallenden Kosten errechnen sich pro erhöhtem Prozentpunkt. Der jeweilige Mitarbeiter ist in der laufenden Periode nicht verfügbar. Die Ergebnisse der Fortbildung zeigen sich in der nächsten Periode. Ein spezifischer Mitarbeiter kann maximal jede zweite Periode "entwickelt" werden.

Im Menüpunkt *Qualifizierung* kann der Spieler einen Mitarbeiter zur Weiterbildung vorschlagen. Besteht der Mitarbeiter die Abschlußprüfung, wird er automatisch der höheren Qualifikationsstufe zugeordnet. Die Qualifizierung dauert eine oder zwei Perioden, in denen der Mitarbeiter nicht produktiv einsetzbar ist. Das erfolgreiche Bestehen des Lehrganges hängt von dem individuellen Leistungsgrad des Teilnehmers und von der vom Spielleiter einzugebenden Erfolgswahrscheinlichkeit ab. Zwischen zwei Weiterbildungsmaßnahmen für die gleiche Person muß eine Periode vergehen.

Eine Modellannahme ist, daß Entwicklungsmaßnahmen motivationsfördernd wirken. Dies gilt nicht nur für den entwickelten Personenkreis, sondern abgeschwächt auch für das Umfeld. Führt ein Unternehmen Weiter- und/oder Fortbildungsmaßnahmen durch, so wird davon ausgegangen, daß jeder bestrebt ist, sich diese Chance durch gute Leistungen zu erarbeiten. Dieser Tatsache trägt der "Kulturindex" Rechnung, der in der Personalentwicklung mitangezeigt wird.

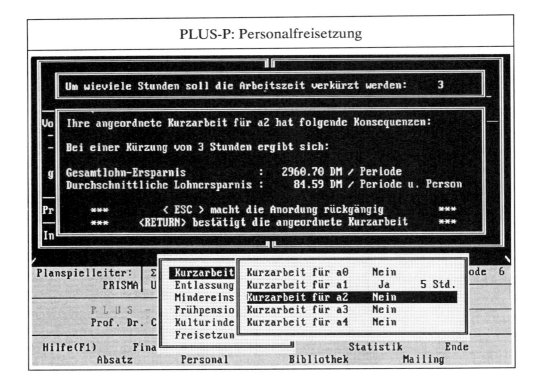

Die *Personalfreisetzung* besteht nicht allein aus der Entlassung von Mitarbeitern. Sie stellt auch Anpassungsmechanismen zur Verfügung, die dazu beitragen, kurz- oder mittelfristig auftretende negative Personalbestandsdifferenzen zu überbrücken.

Die *Kurzarbeit* verkürzt für eine Qualifikationsstufe der Produktion die tarifliche Arbeitszeit bis zu einer vom Spielleiter festzulegenden Grenze. Damit besteht die Möglichkeit, einen vorübergehenden Überschuß an Arbeitern auszugleichen und Lohnkosten zu sparen. Diese Maßnahme darf pro Qualifikation höchstens jede zweite Periode angewendet werden.

Die *Entlassung* erlaubt es, überschüssigen Mitarbeitern die Kündigung auszusprechen. Der Mitarbeiter verläßt nach Ablauf der Kündigungsfrist das Unternehmen, wobei Kosten in Form einer Abfindung anfallen. Wird die Kündigung ausgesprochen, sinkt automatisch der Leistungsgrad des Mitarbeiters.

Der *Mindereinsatz* ist ein kurzfristiges Planungsinstrument, um einen Mitarbeiter für eine Periode bei gleichem Gehalt eine Qualifikationsstufe niedriger als bisher einzusetzen. Diese Vorgehensweise bietet sich an, wenn eine Unterdeckung in einer Qualifikation zugleich mit einer Überdeckung bei höherqualifizierten Mitarbeitern auftritt.

Hat ein Mitarbeiter das vorgegebene Mindestalter erreicht, so steht als Instrument des Personalabbaus die *Frühpensionierung* zur Verfügung. Auch diese Maßnahme ist mit Abfindungskosten verbunden, wirkt sich jedoch auf die Motivation des Personals im Vergleich zu Entlassungsmaßnahmen weniger negativ aus. Als Kontrollinformation werden hier explizit die Kosten der einzelnen Freisetzungsmaßnahmen pro Qualifikation angezeigt.

Da Freisetzungsmaßnahmen auch auf die Motivation der Arbeiter wirken, kann man sich die Wirkungen auf den "Kulturindex" anzeigen lassen.

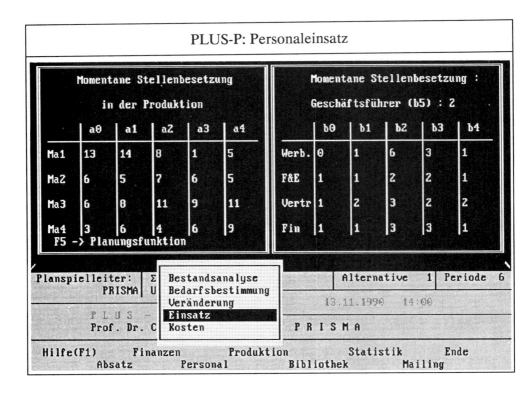

Beim *Personaleinsatz* werden neuen Mitarbeitern der Produktion und der Verwaltung Arbeitsplätze zugewiesen sowie andere Mitarbeiter versetzt. Auch ist hier eine Eingabe von Überstunden möglich.

Neue Arbeiter mit verschiedenen Qualifikationen können in der *Produktion* wahlweise an einer der vier verschiedenen Maschinentypen eingesetzt werden. Ist die Zuweisung noch ungewiß, übernimmt eine Autofunktion auf Wunsch diese Aufgabe über eine Zufallsverteilung.

Bereits vorhandene Mitarbeiter können auf andere Maschinen umbesetzt werden. Außerdem ist es möglich, Einzelpersonen bei Bedarf Überstunden bis zu einer Obergrenze zuzuordnen. Der Leistungsgrad des einzelnen Mitarbeiters nimmt mit zunehmender Überstundenbelastung ab.

In der *Verwaltung* erfolgt die Zuordnung neuer Mitarbeiter auf verschiedene Abteilungen beziehungsweise die Versetzung bereits eingesetzter Mitarbeiter in andere Abteilungen. In der Verwaltung sind Überstunden nicht vorgesehen, da ein von der Arbeitszeit unabhängiges Gehalt bezahlt wird.

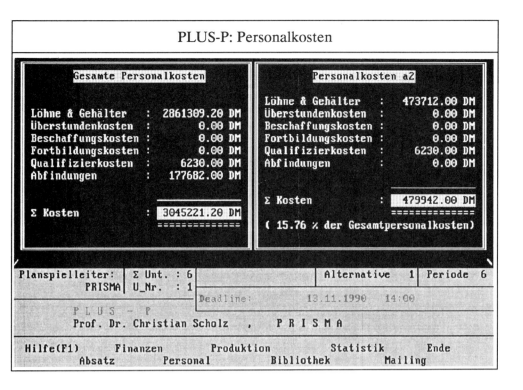

Der Unterpunkt *Personalkosten* zeigt die Personalgesamtkosten, die Kosten der Verwaltung, der Produktion oder einer einzelnen Qualifikationsstufe an. Hierbei werden verschiedene Kostenarten, wie beispielsweise Lohnkosten, Entwicklungskosten, Beschaffungskosten und Freisetzungskosten unterschieden.

Spielleiterfunktion

Um einen reibungslosen Spielverlauf zu gewährleisten, muß sich ein neutraler Spielleiter zur Betreuung der Unternehmen und des Planspiels bereiterklären. Dieser gibt durch die Installation eines neuen Spiels die Rahmenbedingungen vor. Nach der Festlegung der Unternehmensanzahl kann er zunächst aus mehreren Szenarien jeweils eine Situation auswählen, welche dann für das gesamte Spiel gilt.

In Abhängigkeit davon, wieviel Gewicht auf die *Personalmanagementfunktionen* zu legen ist, werden das Anfangsvolumen und die Konjunktur des Arbeitsmarktes initialisiert. Je nach Wahl der Konjunktur, wächst der Arbeitsmarkt selbständig oder er bleibt auf einem konstanten Level.

Im Normalfall wird vor Beginn der ersten Periode eine Periodenfortschreibung gestartet, so daß alle Unternehmen die gleiche Ausgangssituation haben. Es steht dem Spielleiter jedoch frei, durch gezielte Veränderungen einzelner Unternehmensdaten verschiedene Startsituationen zu konstruieren.

Im Spielverlauf stehen dem Spielleiter für sämtliche Unternehmensbereiche - Personal, Produktion, Absatz, Finanzen - *Steuerungsparameter* zur Verfügung. Die Eingabe diverser Umweltdaten ermöglicht die Simulation externer Effekte. Dies führt zu einer zusätzlichen Erhöhung der Spieldynamik.

Auf dem *Personalsektor* können beispielsweise Tarifänderungen im Bezug auf Arbeitszeit und Arbeitslohn erfolgen. Im *Produktionsbereich* kann beispielsweise durch Variation der Preise für Handelsware der Anreiz geschaffen werden, die Eigenerstellung durch Fremdbezug zu substituieren. Die fiktive Nachfrage auf dem *Absatzmarkt* läßt sich durch eine Änderung der Prohibitivpreise beeinflussen. Daneben wird das Marktpotential der drei Produkte über den Konjunkturindex gesteuert. Im *Finanzmodell* determiniert der Spielleiter unter anderem stellvertretend für die Geschäftsbanken der Unternehmen die Kreditkonditionen und Anlagebedingungen.

Durch die Festsetzung der Kreditlinien kann die Konkursanfälligkeit der Unternehmen gesteuert werden. Mögliche Konkursursachen sind Illiquidität oder eine negative Höhe des Eigenkapitals durch hohe Verluste.

Resümee

PLUS-P läßt sich damit wie folgt zusammenfassen:
- Das zu entwickelnde System genügt der Forderung nach *Einfachheit*. Die Abbildung des Systems konzentriert sich auf die wesentlichen Interdependenzen zwischen den betrieblichen Funktionen.
- Das Postulat der *Robustheit* betrifft die Benutzersicherheit der Spieler, bei **PLUS-P** umgesetzt mittels Plausibilitätskontrollen und Hilfefunktionen.
- Die *Steuerbarkeit* beinhaltet die Gestaltungsfreiheit hinsichtlich der gesamten Unternehmenspolitik.
- Das Postulat der *Vollständigkeit* realisiert **PLUS-P** durch die Möglichkeit, alle für einen Konjunkturzyklus relevanten Wirtschaftssituationen bearbeiten zu können.
- Die *Benutzerfreundlichkeit* als abschließendes Kriterium ist weitestgehend

durch die Benutzeroberfläche bestimmt. Tests mit marktgängigen Planspielen haben gezeigt, daß dies einer der wesentlichen Akzeptanzfaktoren ist. Unübersichtliche und wenig informative Benutzerführungen führten wiederholt zu Unzufriedenheit mit dem gesamten Planspiel. Demgemäß lag hier einer der Schwerpunkte bei der Implementierung von **PLUS-P**.

Die Darstellung der **PLUS-P**-Konzeption hat gezeigt, daß die vollständig auf den PC-unerfahrenen Benutzer abgestimmte Menüoberfläche eine Fülle von Aktionsparametern beinhaltet, die im Personalbereich bis auf die operative Ebene des Personaleinsatzes hinuntergeht. Dabei muß ständig ein Kompromiß zwischen der zeitlichen Begrenzung einer Spielperiode und der tatsächlichen Umsetzung aller Pläne und Teilaspekte einer Unternehmensstrategie geschlossen werden. Dieser Zeitdruck erhöht jedoch die Realitätsnähe des Planspieles.

Ein wichtiges Ziel bei der Konzeption und Implementierung war es zudem, mit einem Minimum benötigter schriftlicher Unterlagen auszukommen. Dadurch sind mehrere Perioden in kurzer Zeit hintereinander spielbar, weil Ergebnisberichte nicht ausgedruckt werden müssen, sondern den Unternehmen auf dem Bildschirm vorliegen.

6.8 Unternehmenskultur-Analyse

Grundidee

Nachfolgend soll ein am Lehrstuhl für Organisation, Personal- und Informationsmanagement durchgeführtes Forschungsprojekt kurz vorgestellt werden, das zwei relativ neue Forschungsrichtungen miteinander verbindet: die Auseinandersetzung mit Unternehmenskultur sowie die Auseinandersetzung mit PC-gestützten Expertensystemen.

Mit zunehmendem Entwicklungsstand der Forschung im Bereich der Unternehmenskultur wird ein erheblicher Mangel der bisherigen Arbeiten auf diesem Gebiet sichtbar: Aufgrund fehlender Erhebungsstandards mußte die praktische Erfassung von Ist-Kulturen bislang ausschließlich hochqualifizierten Experten mit subjektiven Erfahrungswerten überlassen bleiben. Da deren Diagnosemethoden nicht übertragen und ihre Schlußfolgerungen objektiv kaum nachvollzogen werden können, bildeten sich stark divergierende Formulierungsansätze für die Unternehmenskultur heraus.

Um ein Auseinanderdriften und somit den Verlust der "gemeinsamen Sprache" für die nahe Zukunft zu verhindern, muß nach erfolgter Auseinandersetzung um Definition und Wirkung der Unternehmenskultur die Entwicklung von Erhebungsstandards für bestehende kulturelle Phänomene und Zusammenhänge zum vorrangigen Ziel erhoben werden. Erst dann kann die Kulturforschung ein breites empirisches Fundament erhalten.

Ein erfolgversprechender Weg zur Lösung dieser Aufgabe besteht in der Abbildung des Fachwissens in einem Diagnose-Expertensystem: Nur so ist die Erfassung der Vielzahl interdependenter - und häufig nur schwach abgrenzbarer - Kulturindikatoren möglich und in Einklang mit den wirtschaftlichen und sachlogischen Nebenbedingungen zu bringen.

Hier wird allerdings eine zweite Lücke deutlich: Ähnlich wie die Unternehmenskultur-Forschung es bisher versäumte, Erhebungsstandards zu entwickeln, machten die "klassischen" Wissenschaften im Bereich der Expertensysteme (wie der Informatik) wenig Anstrengungen in Richtung auf Systeme, die subjektiv geprägte Merkmale und Unsicherheiten sowie Unschärfen verarbeiten können.

Neben der Entwicklung intelligenter Roboter und der Verarbeitung natürlicher Sprache stehen vor allem Expertensysteme (oder auch: wissensbasierte Systeme) im Mittelpunkt des Forschungsinteresses auf dem Gebiet der Künstlichen Intelligenz (KI).

Allgemein ist es Aufgabe eines Expertensystems, das Wissen eines oder mehrerer Experten dritten Personen zugänglich zu machen. Unter einem Experten wird ein Spezialist für ein begrenztes Wissensgebiet verstanden.

Expertensysteme als wissensbasierte Computerprogramme enthalten eine Wissensbasis mit Fachwissen in Form von Tatsachen (Fakten) und Regeln (Heuristiken) sowie einen Problemlösungsteil (Inferenzmaschine) als Regelinterpreter, um aus dem vorgegebenen Wissen Schlüsse ziehen zu können. Hinsichtlich der Nachvollziehbarkeit der Ergebnisse muß das Expertensystem eine Erklärungskomponente aufweisen.

Weitere Anforderungen an ein wissensbasiertes System sind seine Erweiterungsfähigkeit hinsichtlich der Fakten und Regeln sowie die Benutzerfreundlichkeit.

Von einer herkömmlichen Datenbank unterscheidet sich ein Expertensystem dadurch, daß es heuristisch, lernfähig und selbsterklärend ist. Die Abarbeitung der Regeln folgt also nicht einem starren Algorithmus, sondern einem heuristischen Prinzip: An jeder Entscheidungsstelle stehen mehrere mögliche Wege offen. Entscheidungsregeln tragen dafür Sorge, daß nicht alle Äste des Entscheidungsbaums abgefragt werden. Ebenfalls von Bedeutung ist die Lernfähigkeit des Systems: Ein aktives System "merkt" sich die gewonnenen Erfahrungen und verwendet sie weiter. Das dritte Unterscheidungsmerkmal zum traditionellen Vorgehen ist die Erklärungskomponente: Das System muß erklären können, warum und auf welchem Weg es zu einer Schlußfolgerung kam.

Expertensysteme werden unter anderem bereits erfolgreich genutzt:
- bei Diagnosen oder medizinischen Analysen (z.B. MYCIN),
- bei der Wartung von Maschinen (z.B. DELTA/CATS-1),
- bei der geologischen Lagerstättenerkundung (z.B. PROSPECTOR),
- bei der Konfiguration von Computersystemen (z.B. XCON),
- bei der Ausbildung als Lernprogramme im computergestützten Unterricht (z.B. GEOBASE).

Anwendungsbeispiel: WIBKE

Ein Charakteristikum vieler Anwendungen von Expertensystemen ist die Fokussierung auf "hard-facts".

Im Gegensatz dazu wird mit **WIBKE** die Unternehmenskultur erfaßt. Die zu den "soft-facts" zählende Unternehmenskultur ist das implizite Bewußtsein eines Unternehmens, das sich aus dem Verhalten der Unternehmensmitglieder ergibt und das umgekehrt Verhaltensweisen der Individuen steuert. Die Unternehmenskultur spiegelt also die im Laufe der Zeit gewonnenen Erfahrungen der Mitarbeiter mit überlieferten Erfolgsmustern sowie historisch entstandene Normen und Werte wider.

Die Berücksichtigung der Unternehmenskultur als strategischem Erfolgsfaktor erfordert eine operationale und valide Erhebungstechnik. Dies wirft insofern Probleme auf, als sich die Kulturforschung bislang vorwiegend mit der Analyse und den Auswirkungen der Phänomene bestehender Ist-Kulturen beschäftigt hat. Eine Entwicklung fundierter Erfassungsmechanismen ist dabei weitgehend unterblieben. Hinzu kommt, daß eine objektive Betrachtung kultureller Phänomene nicht möglich ist, da deren Ausprägungen und Darstellungsweisen von den subjektiven Perzeptionsunterschieden ihrer Mitglieder abhängen.

Neben dem Fehlen nachvollziehbarer und effektiver Erhebungsmethoden besteht ein weiteres Problem darin, daß Unterschiede in der subjektiven Wahrnehmung kulturellen Geschehens als objektives Faktum erkannt und bei der Erfassung von Unternehmenskultur gesondert berücksichtigt werden müssen.

Diesen Problemen versucht **WIBKE** Rechnung zu tragen.

Bei der Programmierung von **WIBKE** wurde auf die Expertensystemshell **First-Class-Fusion** zurückgegriffen. Eine Expertensystemshell ist ein "Expertensystemgerüst", das bezüglich der Struktur und der Komponenten bereits vollständig vorhanden ist, welches aber noch mit konkreten Inhalten gefüllt werden muß. Hinsichtlich konkreter Anwendungen sind derartige "Gerüste" somit völlig offen. **First-Class-Fusion** bietet die Möglichkeit zur Verarbeitung unsicheren Wissens: Da die Unternehmenskulturforschung bislang noch keinerlei Regelwerk über die Erfassung und Analyse kultureller Indikatoren geliefert hat, enstand hieraus die Forderung nach der Fähigkeit zur induktiven Regelbaumgenerierung.

Im Gegensatz zur deduktiven Wissenserstellung, wo Regeln und Fakten explizit eingegeben und direkt formuliert werden, ermöglicht die induktive Arbeitsweise dem Entwickler, seine primäre Tätigkeit auf die Eingabe praktischer Beispiele zu reduzieren und sich somit zunächst ausschließlich auf die Darstellung von Unternehmenskulturphänomenen zu konzentrieren. Auf der Basis dieser Beispielsammlung leitet das System eigenständig dessen implizite Logik ab und konstruiert einen fertigen Regelbaum.

WIBKE ist menügesteuert und zeichnet sich durch eine hohe Benutzerfreundlichkeit aus. Insgesamt besteht **WIBKE** aus drei Programm-Modulen:
- Werte und Normen,
- Informationskultur,
- Kulturstärke.

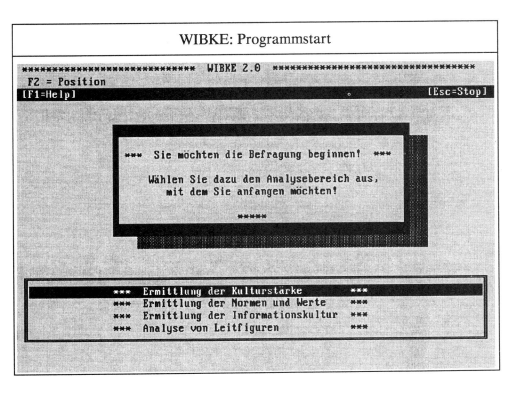

Nach dem Programmstart muß der Benutzer den Teil wählen, den er bearbeiten möchte, also entweder Kulturstärke, Normen und Werte, Informationskultur oder Analyse von Leitfiguren.

Die Reihenfolge der Bearbeitung hat selbstverständlich keinen Einfluß auf das Ergebnis. Wird jedoch ein Teilgebiet ausgewählt, das schon bearbeitet wurde, so erhält der Benutzer die Meldung, daß in diesem Bereich bereits Ergebnisse vorliegen. Als Optionen stehen dann die Rückkehr zum Auswahlmenü beziehungsweise das erneute Durchlaufen dieses Programmteils zur Verfügung, jedoch unter Verlust der bereits ermittelten Werte.

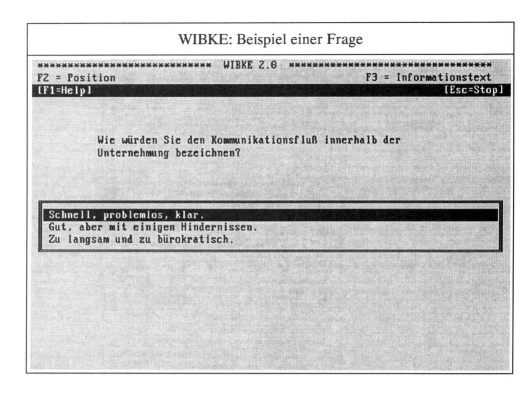

Exemplarisch zeigt diese Abbildung eine mögliche Fragestellung zur Analyse der Normen und Werte.

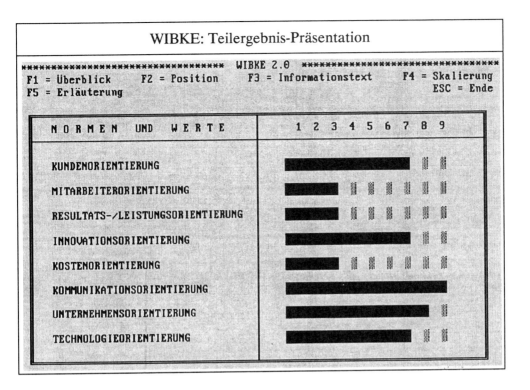

Hat der Benutzer alle Fragen eines Teilbereiches durchlaufen, so erhält er im Ausgabemenü die grafische Auswertung seiner Ergebnisse auf dem Bildschirm, hier im Hinblick auf Werte und Normen im Unternehmen.

Jeder Faktor wird über einen Informationsbildschirm erläutert. Darüber hinaus bietet **WIBKE** auch die Möglichkeit einer Ausgabe der Ergebnisse auf dem Drucker.

Der Benutzer kann das Programm vom Hauptmenü aus beenden. Dies erfolgt durch die Auswahl der Option "Beenden des Programmes". Um ein versehentliches Abschalten von **WIBKE** zu verhindern, führt das System eine Sicherheitsabfrage durch, ob das Verlassen des Programmes wirklich gewünscht wird. Dies ist insbesondere deshalb von Bedeutung, da die ermittelten Ergebnisse noch nicht in einer separaten Datei gespeichert, sondern beim Abschalten gelöscht werden.

7 Aktualisierungshinweis

Die Ausführungen in Abschnitt sechs sollten zwar die wichtigsten Software-Produkte aus dem Personalbereich abdecken, können diesen Anspruch aber aufgrund von Dynamik und Unübersichtlichkeit des Marktes für solche Programme nur begrenzt erfüllen.

Aus diesem Grund läuft an der Universität des Saarlandes gegenwärtig das Forschungsprojekt PSearch, das einer weitgehend vollständigen Erfassung (und Analyse) personalwirtschaftlich relevanter PC-Programme gewidmet ist. Gegenwärtig entsteht eine umfassende Datenbank zu dieser Thematik.

Anbieter oder (un-)zufriedene Nutzer derartiger Programme sollten daher

> Lehrstuhl Prof. Dr. Christian Scholz
> - Herrn Dipl.-Kfm. Hans Oberschulte -
> Universität des Saarlandes/Gebäude 16
> 6600 Saarbrücken
>
> Tel: 0681/302-3912
> Fax: 0681/302-3702

entsprechend informieren.

8 Perspektive

Die rasanten Entwicklungen auf dem Hardware- und Softwaresektor haben in der Vergangenheit immer wieder flexibles Umdenken und Anpassen erfordert. Langfristige Voraussicht im Hinblick auf neue EDV-Anwendungen und Nutzungsmöglichkeiten war bisher kaum möglich und ist in absehbarer Zeit nicht zu erwarten.

Eine dezidierte Einschätzung und Vorbereitung auf das personalbereichsspezifische Personal Computing der Zukunft erübrigt sich somit. Unbestritten ist lediglich, daß neue Impulse der PC-Arbeit (auch) im Personalwesen hauptsächlich seitens der Softwareentwicklungen kommen müssen.

Ein weiterer wichtiger Aspekt im Hinblick auf zukünftige Personal Computing-Konzeptionen ist die rasant fortschreitende PC-Vernetzung[*]. War die Installation eines LANs (Local Area Network) noch vor wenigen Jahren oft ein Problem, vor dem ungezählte Projekte aus technischen Gründen scheiterten, kann dies heutzutage als gelöst bezeichnet werden. Diese Entwicklung ist nicht zuletzt dadurch möglich geworden, daß sich Standards durchsetzen konnten, an denen sich Hardware- und Softwareanbieter orientieren können.

Vermutlich wird auch künftig die traditionelle Dominanz der Großrechner beispielsweise bei der Lohn- und Gehaltsabrechnung bestehen bleiben. Das immer bessere Softwareangebot verbunden mit der rasanten Entwicklung im Hardwarebereich eröffnet jedoch dem Personal Computing stetig wachsende Gestaltungsspielräume. Zu ihrer Nutzung soll der vorliegende Text beitragen.

Die EDV steht (auch) im Personalbereich im Spannungsfeld vielfältiger Interessen. Dies betrifft nicht nur die EDV-technische Realisierung, sondern auch vorhandene gegensätzliche Standpunkte hinsichtlich der Akzeptanz der elektronischen Datenverarbeitung im Personalbereich. Eine allgemeingültige Vorgehensweise zur EDV-Konzeption im Personalwesen läßt sich hieraus verständlicherweise nicht ableiten.

Bisher unberücksichtigt, aber dennoch von großer Relevanz für einen allgemeinen Lösungsansatz zum Abbau dieser Spannungsfelder ist das

---

[*] Zur Vertiefung siehe Scholz, Christian: Einführung in das Personal Computing, Berlin - New York (De Gruyter) 1989, S. 229-270.

Postulat einer *Verhaltensorientierung*. Informations- und Verhaltensorientierung müssen sich ergänzen. Eine reine Informationsfokussierung bedeutet mitarbeiterfremde, technokratische Vorgehensweisen; primäre Verhaltensorientierung hingegen setzt sich der Gefahr des Planungschaos und der Richtungslosigkeit aus.

Das implizite Bewußtsein der Mitarbeiter - die Werte und Normen im Hinblick auf den Umgang mit Information im Unternehmen - sind die Basis bei der Konzeption eines EDV-gestützten Personalmanagements. Diese Verhaltensweisen, die in der *Informationskultur* eines Unternehmens ihren Ausdruck finden, sind zum Abbau beziehungsweise zur Vorbeugung gegen potentielle Spannungsfelder ein wesentlicher Ansatzpunkt.

Die rein technische Ausrichtung, wie sie in der Vergangenheit allzu häufig betrieben wurde, ohne Beachtung der Vorstellungen und Ideen der Mitarbeiter, kann die Arbeit im Personalinformationsmanagement erheblich erschweren. Eine offene Informationspolitik sowie die frühzeitige Einbeziehung der relevanten Interessengruppen bauen somit Unsicherheiten der Mitarbeiter ab und erleichtern die Arbeit der Verantwortlichen erheblich.

9 Literaturhinweise

Bellgardt, Peter (Hrsg.): EDV-Einsatz im Personalwesen, Heidelberg (Sauer) 1990.

Bullinger, Hans-Jörg (Hrsg.): Integrierte Bürosysteme, Berlin-Heidelberg-New York-Tokyo (Springer) 1984.

Domsch, Michel: Systemgestützte Personalarbeit, Wiesbaden (Gabler) 1980.

Grünefeld, Hans-Günther: Personalberichterstattung mit Informationssystemen, Wiesbaden (Gabler) 1987.

Heinrich, Lutz J./Burgholzer, Peter: Informationsmanagement, München-Wien (Oldenbourg) 3. Aufl. 1989.

Heinrich, Lutz J./Pils, Manfred: Betriebsinformatik im Personalbereich, Würzburg-Wien (Physika) 1979.

Hentschel, Bernd/Wronka, Georg/Mülder, Wilhelm: Personaldaten in der Diskussion, Köln (Datakontext) 1986.

Hentschel, Bernd/Gliss, Hans/Wronka, Georg: Vorrangige Rechtsvorschriften bei Personalinformations- und Abrechnungssystemen, Köln (Datakontext) 3. Aufl. 1987.

Hentschel, Bernd/Goldenbohm, Wolfgang/Laicher, Eberhard: Auskunfts-, Melde- und Bescheinigungsvorschriften im Personalwesen, Köln (Datakontext) 3. Aufl. 1988.

Hentschel, Bernd/Wronka, Georg (Hrsg.): Personalinformationssysteme in der Diskussion, Köln (Datakontext) 2. Aufl. 1986.

Hoyer, Rudolf/Kölzer, Georg (Hrsg.): Rechnergestützte Planung und Gestaltung von Büroinformationssystemen, Berlin (Schmidt) 1988.

Huckert, Klaus: Einsatzmöglichkeiten von PC-Software in Personalabteilungen, in: Personalführung (1986), 438-442.

Jantzen, Werner/Wolff, Christine: So setzt der Personalleiter den Personalcomputer effektiv ein, Landsberg am Lech (Moderne Industrie) 1984.

Jobs, Friedhelm/Samland, Jürgen (Hrsg.): Personalinformationssysteme in Recht und Praxis, Stuttgart (Fachverlag für Wirtschaft und Steuerrecht) 1984.

Kadow, Bernhard: Der Einsatz von Personalinformationssystemen als Instrument der Personalführung und -verwaltung - Ergebnisse der Fallstudien, München (Hampp) 1986.

Kilian, Wolfgang: Personalinformationssysteme in deutschen Großunternehmen, Berlin-Heidelberg-New York (Springer) 2. Aufl. 1982.

Klotz, Ulrich/Meyer-Degenhardt, Klaus (Hrsg.): Personalinformationssysteme, Reinbek (Rowohlt) 1984.

Martiny, Lutz/Klotz, Michael: Strategisches Informationsmanagement: Bedeutung und organisatorische Umsetzung, München-Wien (Oldenbourg) 2. Aufl. 1990.

Reber, Gerhard (Hrsg.): Personalinformations-Systeme, Stuttgart (Poeschel) 1979.

Scholz, Christian: Personalmanagement. Informationsorientierte und verhaltenstheoretische Grundlagen, München (Vahlens Handbücher der Wirtschafts- und Sozialwissenschaften) 1989.

Scholz, Christian: Einführung in das Personal Computing, Berlin - New York (De Gruyter) 1989.

Schröder, Hans-Horst/Vateroth, Hans-Christian: Computergestützte Personalplanung auf der Basis von Personalinformationssystemen: Was leisten Standard-Software-Pakete? in: Personalwirtschaft 12 (1985), 451-456 und 491-499.

Seibt, Dietrich: DV-Unterstützung des betrieblichen Personalwesens, computergestützte Personalinformationssysteme, in: Ronald Kay (Hrsg.): Management betrieblicher Informationsverarbeitung, München-Wien (Oldenbourg) 1983, 189-214.

Speck, Peter: Auszubildenden-Bedarfsplanung mit Hilfe der Szenario-Technik, in: ZfbF 41 (1989), 235-244.

Wächter, Hartmut: Die Verwendung von Markov-Ketten in der Personalplanung, in: ZfB 44 (1974), 243-254.

Technische Akademie Wuppertal e.V.

Außeninstitut der Rheinisch-Westfälischen Technischen Hochschule Aachen
Kontaktstudien-Institut der Bergischen Universität-GH Wuppertal
Weiterbildungsinstitut der Heinrich-Heine-Universität Düsseldorf

Weiterbildungszentren Wuppertal / Nürnberg / Bochum

5600 Wuppertal 1   Postfach 100409   Telefon: 0202/7495-0
Hubertusallee 18   FS 8592525   Telefax: 0202/7495-202

Überbetriebliche und betriebliche Veranstaltungen
(in Nürnberg, Bochum, Hamburg, Berlin, Frankfurt, Würzburg, Wien, Zürich u. a.
in Wuppertal auch als Bildungswerk der IHK Wuppertal-Solingen-Remscheid)

Ingenieur- und Naturwissenschaften
Maschinenbau, Elektrotechnik, Elektronik, Bauwesen, Verkehrs- und Vermessungswesen
Energietechnik, Verfahrenstechnik, Sicherheitstechnik, Interdisziplinäre Techniken
Mathematik, Physik, Chemie, Werkstoffe, Konstruktion, Fertigung, Qualitätswesen

Arbeits- und Sozialwissenschaft, Recht
Führungslehre, Führungstraining, Management, Personal- und Sozialwesen
Recht, Arbeitswissenschaft

Wirtschaftswissenschaft
Organisation/EDV, Finanz- und Rechnungswesen, Absatzwirtschaft, Materialwirtschaft

Sonderveranstaltungen
Tagungen, Symposien, Vorträge, Wuppertaler Gespräche

Abend-Akademie Bergisch Land
Lehrgänge mit TAW- und IHK-Abschlußprüfung

Verwaltungs- und Wirtschafts-Akademie Wuppertal (VWA)
Betriebswirt (VWA), Informatik Betriebswirt (VWA)
Kommunaldiplom, Verwaltungsdiplom

Im Auftrag der Arbeitsverwaltung
Lehrgänge zur Verbesserung der Qualifikation

Technische und kaufmännische Datenverarbeitung
Beratung, Schulung, Projekte

Labor für Korrosionsschutz und Meßtechnik
Untersuchungen, Gutachten, Beratung

Technologieberatung
im Auftrag der IHK Wuppertal-Solingen-Remscheid